# 登攀的足印

潘翠君◎著

哈尔滨出版社
HARBIN PUBLISHING HOUSE

图书在版编目（CIP）数据

登攀的足印 / 潘翠君著 . — 哈尔滨 : 哈尔滨出版
社 , 2020.9
ISBN 978-7-5484-5533-2

Ⅰ . ①登… Ⅱ . ①潘… Ⅲ . ①科学知识—教学研究—
小学 Ⅳ . ① G623.62

中国版本图书馆 CIP 数据核字（2020）第 180294 号

书　　名：登攀的足印
　　　　　DENGPAN DE ZUYIN
------------------------------------------------
作　　者：潘翠君　著
责任编辑：曹雪娇
封面设计：笔墨书香
------------------------------------------------
出版发行：哈尔滨出版社（Harbin Publishing House）
社　　址：哈尔滨市香坊区泰山路82-9号　　邮编：150090
经　　销：全国新华书店
印　　刷：武汉颜沫印刷有限公司
网　　址：www.hrbcbs.com　　www.mifengniao.com
E-mail：hrbcbs@yeah.net
编辑版权热线：（0451）87900271　87900272
------------------------------------------------
开　　本：710mm×1000mm　　1/16　　印张：14.25　字数：200千字
版　　次：2020年9月第1版
印　　次：2022年8月第2次印刷
书　　号：ISBN 978-7-5484-5533-2
定　　价：46.00元
------------------------------------------------
凡购本社图书发现印装错误，请与本社印制部联系调换。
服务热线：（0451）87900279

# 目 录 CONTENTS

## 第一卷 从"零"起步 成为名师

## 第二卷　教学创新　永无止境

# 第一卷 从"零"起步 成为名师

　　来深圳工作之前，我是内地一所中专学校的生物化学教师，从未教过小学，也非师范专业出身；二十年后，我被评为深圳市"名教师"、广东省"特级教师"。从"新手教师"到"特级教师"，二十年中，我从"零"起步，努力攀登，成长之路充满了艰辛和曲折，饱含着磨砺与奋进……

# 第一章　迎接挑战 从头开始

## 一、直飞深圳

1996 年 3 月，一个春寒料峭的日子，我吻别了尚在睡梦中的儿子，匆匆坐上了飞抵深圳的航班，一个全新的工作岗位在等着我。

这是我第二次赴深，上一次是在 1995 年的国庆节，我带着儿子到深圳探望老公，他在一所新开办的大型民办学校当老师，因工作出色，很受领导的赏识。而这一次，沾老公的光，我也获得了到这所学校工作的机会。

我的新岗位是小学部自然教师，没有经过试讲、考核等程序，小学部的D校长就直接通知我来上班了，这样的用人程序，在当时是没有先例的。也许是因为上次探亲时我跟D校长见过一面，他知道我是一个挺不错的中专老师，所教的课程"生物化学"也与小学自然课有着某些关联，因此，当本校的前任自然老师突然辞职之后，D校长便告知我老公说，愿意把这个工作岗位给到我。听到这个消息时，新学期已开学一周，我也已经在中专讲台上开讲我的生物化学课了，"去"还是"不去"，我当时面临两难的抉择，思想斗争还是相当激烈……经过一番思量，我选择了"迎接挑战"。当时的想法是，趁着年轻，我也要出去开开眼界、见见世面，我在中专讲台已站了近十年，总是一遍又一遍地重复教着相同的内容，课本上的每个章节，我已是烂熟于心；两节课100分钟讲下来，我从不看讲稿，所有内容都已装在头脑之中；那些复杂的生物化学反应式，我可以一口气写满整黑板，让学生佩服不已……这样的工作，于我来说虽然驾轻就熟，但也单调重复，没有新意，我觉得不该满足于这种没有变数的生活。于是，我做出了南下深圳、迎接挑战的决定，匆匆买好机票，将5岁的儿子托给家公家婆照料，直飞深圳了！

现在回想起来，我很庆幸自己当初做出了那个正确的选择，敢于放下铁饭碗、直面未知的挑战，这的确需要很大的勇气！

# 二、全新的岗位

初来乍到，迎接我的是一个完全陌生的岗位，教材内容不同，学生年龄不同，教学方法不同，一切都要从头开始、从零起步。

抵达深圳后的第 3 天是周一，我经过了前一天的紧张准备，就开始上课了。清楚地记得，我上的第一节课是二年级的"水"，主要活动是让学生观察比较水和其他液体，从而认识水的基本特性（水是一种没有颜色、没有气味、没有味道、透明的液体）。课前，我跑到中学部的化学实验室借了试管和试管架，又到学校的食堂弄了点白酒、酱油、醋等观察材料，按照教参上的建议和要求，把需要的实验材料都备齐了，又认真设计了授课的程序，算是准备就序了。

预备铃响，我端着满满一盘子的材料，走进了教室。抬眼一望座位上的孩子们，哇，一张张稚嫩的脸蛋，一个个小小的身子，让见惯了中专生的我，一下子有点慌乱。我虽然不断地提醒和告诫自己"要改变""要改变"，但是第一堂课上下来，不是那么顺利，有许多预料之外的情况发生。我意识到，我不仅要尽快熟悉教学内容，还要尽快习得适合小学生的课堂教学方法，努力提高课堂调控能力。

在接下来的一段时间里，我把一切可以利用的时间都用在学习和工作上，每天待在学校的时间都在 13 小时以上。

为了尽快提升专业知识水平，我去学校图书馆借来了中学的物理、化学、生物等教材，利用一切可以利用的时间看书、学习、做笔记。备课时若遇到不懂的问题，都不放过，总要查阅各种资料或是向中学的相关老师请教，以达到弄懂弄通的程度。我始终记得这句话——"要想给学生一碗水，自己得先有一桶水"。

除了认真备课、恶补专业知识之外，向身边的老师学习教学方法和课堂调控技巧也成为我这一阶段的主要任务。

那个时候，我身边的同事是从全国各地选聘来的优秀老师，都有自己的"绝活"，我诚心拜他们为师，经常向他们请教。这些同事们对我非常友好，将他们的课堂随时向我敞开。于是，只要一有空，我就会钻进教室，坐到学生中间去听课，无论是语文课、数学课，还是英语、音乐以及体育课等等，我都会去听，可谓是"取百家之长，补自身之短"。

　　正是靠着这种没日没夜的苦学，加上周围同事的指导，我在较短的时间内基本完成了从"中专老师"到"小学老师"的角色转变，并在与孩子们的相处中，感受到了他们的童真和可爱。学校领导在听了我的课之后，给予了肯定，这让我的信心大增。两个月后，我的试用期结束，与学校签订了正式的工作合同；放暑假前，又续签了下一学年的聘用合同。至此，我暂时不用担心被"炒鱿鱼"了。

图 1　作者 1998 年在深圳的工作照

# 三、自找"师父"

虽然可以从身边的其他学科老师那里"偷师学艺",但我还是迫切需要有专门的师父来指导我。可惜那个时候学校里只有我一名自然老师,找不到同学科的师父。我想了很多办法,给自己找了三类"师父",而且还是"顶级"的:

第一类"师父"是本学科的专业教学刊物和书籍,如《小学自然教学》(现已更名为《科学课》)。该刊物堪称小学自然老师的良师益友,它里面既有出自行业大咖之手的理论文章,也有一线教师撰写的教学经验分享,读来倍感受益。此外,我还购买了《兰本达的"探究—研讨"教学法及其在中国》《刘默耕小学自然课改革探索》等在当时非常具有指导意义的书来学习,吸收其中先进的教育理念和教学方法。

第二类"师父"是自费购买的全国自然教学专业委员会年会上的优质课录像带,这些在当时可谓是顶尖水平的课例,对我来说简直是"久旱逢甘霖",我利用业余时间反复观看,用心揣摩和吸纳录像中这些优秀老师的课堂教学智慧,并用之于自己的教学实践中。

第三类"师父"是学校请来的那些专家或名师。那个时候,学校举行过多次全国性的赛课活动或是教学研讨会,也经常从全国各地邀请专家教授来校讲学。这样的学习机会令我眼界大开、受益匪浅。

至今还记得,在学校举行的一次全国性的赛课活动中,我作为工作人员旁听了好几节课,不时惊叹于那些老师们精彩的教学设计和课堂表现力。印象最深的是,在一节二年级数学课上,那位美女老师呈现出来的几样教具新颖有趣,起到了很好的激励和评价的作用,不同于其他几位老师在评价学生小组或个人时用到的小红旗或小红花,这位老师别出心裁地设计了"放鞭炮"的游戏,她在本课的最后 10 分钟的练习与反馈环节拿出了一串鞭炮模型,以"放鞭炮"的游戏活动来吸引和激励学生参与答题,一下子就让课堂气氛达到高潮。这一次听课的经历,让我意识到新颖的教具有时能起到奇妙的作用。

至今还记得,学校请来的窦桂梅老师(即现在赫赫有名的清华大学附属小学的窦校长,那个时候还在东北任教)在上展示课时那图文并茂的精美板书、那极富感染力的课堂语言;还记得她讲自己的成长经历时提到的那句话:"如果你想快速成长,就要多上公开课!"这对我后来的从教之路也产生了很大的影响。

这些名家的讲座或现场示范课，既有前沿的教育理论，又有高超的教学艺术，我听后觉得很受益，用"醍醐灌顶""茅塞顿开"等词来形容，一点也不为过。

正是有了这样一些"顶级大师"引路，我找准了自己前进的方向，课堂教学水平快速提高，1997年和1998年连续两年在本校举行的课堂教学大赛中获一等奖；1999年4月，也就是在我踏入新岗位刚满三年时，我作为宝安区的唯一代表参加深圳市教研室组织的全市小学自然教师教学能力比赛，荣获一等奖，而且，还在《小学自然教学》杂志上发表了自己的第一篇教学文章。靠着这些业绩，我还被评为了宝安区的优秀教师……

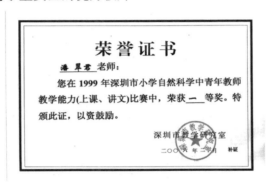

图 2　深圳市教师教学能力比赛证书

图 3　宝安区优秀教师证书

这些盖着大红印章的证书，让我倍受鼓舞，越发坚定了前进的方向；同时，我也越来越喜欢小学自然教学这份工作，我觉得，带着一群天真活泼的小学生一起探索自然的奥秘，既充满挑战，也很有乐趣。

图 4　作者在课前为学生准备实验材料（1999 年 4 月）

# 第二章　攻读本科 取得学位

我深知，特区的发展日新月异，身处改革开放前沿城市的打工者，只有未雨绸缪，不断充电学习，努力提升自我，才能立于不败之地。为此，我始终把学习放在首位，无论多忙，也要挤时间学习。

在我所有的学习经历当中，利用业余时间攻读本科并取得学位的那三年，是令我最难忘的，也是对我的个人成长影响最大的。

## 一、学习的动力

在年近四旬之时，利用业余时间苦读三年，最终拿到北京师范大学的本科文凭和教育学学士学位，这在很多人看来是不可思议的。有同事曾问我，你都这么大年纪了，怎么还有这么大毅力坚持学习？

说来话长，我读小学和初中的时候，一直是同学们眼中的"学霸"；中考的分数，远远超出当地省重点高中的录取线，但因家境贫寒，急于出来工作，便去读了中专。那时中专的录取线高于重点高中，而且中专生的待遇令人羡慕：读书期间不仅不用交学费，每月还可得到国家发的生活补助款；毕业后包分配工作。因此，当年的中专生都是同龄人中的佼佼者。18岁时我就毕业了，因各方面表现优异，便获得了当年唯一一个留校任教的机会，并随即被学校送往医学院的"生物化学师资班"进修一年，回校后就成了中专的生物化学老师。

工作几年后，我不仅通过艰苦的自学，考取了大专学历，而且也干出了不少成绩……只是，曾经的

图5 作者在中专学校给学生上生物
化学课（1988年5月）

"辉煌"随着我南下深圳而不复存在。在我来深圳当了小学老师之后，曾有调

动的机会摆在我面前，但因为我所持的毕业证"专业不对口"，且最高学历不是本科而错失了，这让我备受打击。我意识到，必须下决心提高自己的学历才能更好地在深圳立足。因此，当我熟悉了本职工作、且已评上中级职称之后，"读师范类本科、拿教育学学位"便成了我矢志追求的目标。

2003 年初，我从《中国教育报》上看到北京师范大学网络学院的一则招生启事，觉得它的学习形式、学习地点、开设的专业都比较适合我，于是，在与家人商量之后，我便去报了名，购买了复习资料。同年 4 月，我参加了入学考试；6 月，收到了录取通知书；9 月，正式开始学习，至 2006 年 1 月，学完了所有的课程，顺利拿到了北京师范大学的本科毕业证书；到 2006 年 12 月，又拿到了北师大的教育学学士学位证书。

图 6 作者获得的毕业证和学位证的封面

这段经历，"说"起来很快、很容易，但其实中间的过程却是相当艰苦。三年中，我几乎没有双休日、没有寒暑假，平时除了完成繁重的本职工作以外，还要尽量挤出一些时间，用来听课、看书或是写作业。尤其是头三个学期，面授课程较多，周六、周日要去面授点听课，我通常是早上 6 点钟起床，7 点前出门，坐车、转车，路上折腾近 2 个小时，9 点前赶到当时的深圳教育学院听课；听完一天的课之后再坐车回到家，常常是晚上 7 点多了。

除了听面授课，更多的时候，我则是对着电脑，利用课件光盘来学习。有好多次，一边听着老师讲课的声音，一边就坐在椅子上睡着了，但醒来之后仍然继续听课。我时常对自己说：既然订立了目标，就一定要去实现！

## 二、平时的作业

　　每当寒暑假来临，许多同事都去旅游度假，而我则处于学习最紧张之时，除了听课，还要按时完成并提交各科作业。我对待作业的态度是非常认真的，客观上是为拿到学分，但主观上也确实觉得做作业的过程能让自己学到很多东西。翻阅我当时写的作业（有些就是小论文），即使放到现在都还具有可读性，附上两篇：

　　例1：

### 学习特殊教育理论，更好地教书育人

（写于 2005 年 1 月）

　　从教十多年，所教的学生一般都是发育正常的孩子，周围的亲戚朋友中也没有残疾人，所以，印象中，对于特殊教育，总认为是离自己很遥远的事情。但当我参加了北师大网院的学习，当我为应付考试而翻开《特殊教育概论》这本书时，我被吸引了，我被震撼了。这门特殊的课程，如同在我面前开启了教育理论的另一扇大门，让我重新审视自己的教育观念，重新思考自己在教学实践中曾遇到过的一些问题，顿时有了一些全新的认识。特殊教育理论，的确不只是从事特教的老师才应该学习的课程，对于工作在普通学校的老师，它同样重要。

　　学完这门课程，我感触最深的有以下几点：

　　一、要关注残疾人、关注特殊儿童的教育问题

　　有这样一组数字让我印象很深："我国残疾人约有 6400 万，其中 0~18 岁儿童有 1200 万左右，0~14 岁儿童约 1000 万，共涉及 1/5 的家庭。"6400 万！1/5 的家庭！多么令人惊讶的数字！当我们陶醉在大自然青山绿水、鸟语花香的美景中时，当我们尽情享受现代社会发达的物质文明和精神文明之时，却还有那么多的人生活在残缺的世界里，无法像正常人一样学习、工作和生活！而这一切，却并不是他们本身的错！研究表明，由于内在的遗传因素及外在的各种因素的影响，总有 10% 甚至更多的人随时随地都要被卷进"特殊"或"异常"这一魔鬼般的怪圈，"特殊"的产生是不以人的意志为转移的。因此，理解、尊重、关心、帮助残疾人，是我们每个人应尽的义务和责任，而对于 0~18 岁的特殊儿童来说，我们所应给予的，不仅仅只是同情和照顾，还应该有科学的

教育和培养，使他们的身心也能得到最大限度的发展，减少与正常发展水平的儿童的差距。这是实施义务教育的需要，也是全面提高人口素质的需要。而作为在提高人口素质方面扮演着重要角色的教师，应该对特殊儿童的教育问题予以足够的关注。

二、"随班就读"，普通学校的教师应做好准备

残疾人享有平等参与社会生活的权利，这是现代文明社会的基本共识，而教育则是残疾人通往享有平等人权社会的必由之路。残疾儿童同样是祖国的花朵，在受教育的机会上不应该有先后之分，在教育程度上不应该有高低之别。特殊教育是衡量一个国家文明程度的窗口，不是可有可无的施舍。

要让那么多的特殊儿童都能接受教育，单纯依靠特殊教育学校是远远不够的。国家提出的方针是，要大量地在普通学校附设特殊教育班级和开展随班就读，使其成为特殊教育的主体。提出这一方针，主要是基于以下几点：首先，从我国的经济现状和发展状况来看，不可能在短期内提供大量的资金来建立许多特殊教育学校；而设立特殊教育班和开展随班就读，投资少，见效快；其次，我国残疾儿童多数在农村、山区，居住分散，交通不便，许多残疾儿童少年家庭贫困，难以到很远的县城去上学，设立特殊教育班和开展随班就读，解决了上述困难，可以使残疾儿童少年就近入学，迅速提高其入学率；最后，国际上开展残疾儿童"一体化""回归主流"教育以及我国开展随班就读工作的实践表明，残疾儿童少年在普通班学习，可以在残疾儿童和普通儿童之间建立起互相理解、互相关心和帮助的和谐关系，也有利于残疾儿童学习生活技能，提高交往能力，为将来适应社会生活打下基础。

随着义务教育的普及，一些轻度的智力残疾儿童，轻度的听力残疾、低视力儿童将被安置到普通班级里随班就读，因此普通学校的老师必须做好相应的准备：首先，在思想上要乐意接纳他们，要意识到这是自己工作职责的一部分；其次，要懂得在实际教学中如何通过各种特殊措施促进有问题的儿童向着健康的方向发展。因此，学习特殊教育方面的课程，大有必要。

三、普通儿童，可能也需要特殊教育

在我多年的教学生涯中，对学生的教育问题，曾有过许多的困惑：为什么有的孩子那么不听话，老师的批评和提醒对他根本不起作用？为什么有的孩子学习能力那么差，教了十遍八遍还不会？……学习了《特殊教育概论》中的知识，我茅塞顿开：原来，有些看似正常的孩子，也可能属于广义上的"特殊需要儿童"，

按照常规的教育方法，是难以奏效的。

我看到这样一组数据：根据英国的一项专业调查，普通学校中在教育上有特殊需要的儿童占总数的20%，荷兰官方报告的特殊儿童占26%，波兰有30%的儿童接受特殊教育。的确，在普通学校中，轻度行为问题儿童、多动症儿童、情绪情感障碍儿童、阅读障碍儿童、书写障碍儿童、算术障碍儿童等并不少见，对这些特殊儿童的教育，不论是教学内容、教学方法、教学环境、教学中的情感处理或课堂结构、学校气氛等都必须做适当的改进，以满足这1/5的学生的需要，作为一个好教师在教学时就应该考虑到这些特殊学生的各种不同的需要，并采取必要的措施以满足其需要，这就要求教师要有较高的相关素质：对特殊儿童的爱心和耐心；对特殊教育知识与技能的掌握等等。

鉴于上述情况，普通学校的教师也应该努力学习特殊教育课程，只有这样，才能真正做到"因材施教"，才能更好地担负起教书育人的使命。

例2：

## 《教育心理学》作业

（写于2005年2月）

### 第一次讨论报告

讨论主题：结合教学过程的模式，举例说明教育心理学对教学工作的指导作用。

小组成员：AAA、BB、潘翠君

报告人：潘翠君

报告内容：

作为教师，不仅要知道自己该如何"教"，还要了解学生会如何"学"，即教师要对教与学的过程有一个全面的了解。"教育心理学"这门课程主要就是围绕这一过程而展开的，因此，学好这门课，将对教学工作大有裨益。

通过学习，我们认识到，从宏观上讲，教与学过程是一个系统过程，它包括教学内容、学生特点、教师特点、教学媒体、教学环境五种因素，以及学习过程、教学过程、评价/反思过程三种过程，五种因素共同影响了三种过程，而且三种过程交织在一起，相互影响。从微观上讲，教与学过程分为教学前、教学中和教学后三个阶段。以下几个部分是教学过程中非常重要的：

1. 确定教学目标

在教与学过程中，教师首先要确定教学目标。而教学目标的确定，主要受教学内容和学生的基础即学生的原有认知结构两大因素影响。

在实际工作中我们发现，对教学内容，一般老师都能做到深入钻研，但对学生的了解往往不够，以至于会出现老师精心准备的内容，学生不太感兴趣，因为他们在其他课程中或通过其他的途径早已经知道了。因此，在教学前应充分了解学生，这的确是很重要的一个环节。

2. 考虑学习过程的特点

学生的学习是一个学生自身建构的过程，教师只有调动起他们学习的积极性、激发起他们学习的动机，教学目标才有可能完成。因此，教师在确定教学目标后，应该对学生学习过程中的各方面特点予以考虑，比如学生学习的特点和学生学习动机就是两个值得重视的问题。

在教学实践中我们曾有这样的体会：一种教法，在这个班上课，效果很好；而在另一个平行班上课，效果却不怎么样。因此，教师在教学中要考虑到学生的差异问题，要根据学生的不同情况，做出必要的调整。

3. 选择教学方法

人们常说，"教无定法，贵在得法"。教师在选择教学方法时，应根据教学原理、教师自身的特点来选择与当前教学内容相适应的方法，还要掌握一些有效的策略来管理课堂环境。

例如，对课堂纪律的管理，当一个低年级的学生经常擅自离开座位时，传统的观点是，每当学生站起来，都要提醒他留在自己的座位上，这能帮助学生记住这条纪律，如果听之任之，将对班级管理不利。但科学研究表明，教师越要学生坐下，学生越想离开座位，当教师不再提醒这些学生，转而表扬那些仍然不动的学生时，离座率反而会下降。

4. 评价和反思过程

评价与反思虽是一个独立的过程，但它应该贯穿在整个教学过程之中。作为教师，应该能够用恰当的方式方法，在教学前、教学中、教学后对学生进行恰当的评价，并针对学生出现的问题，找出改进的办法。教师尤其应该注意反思过程（这也是当今的热门话题），经常进行教学的反思，将有利于教师的成长。

综上所述，教育心理学的理论知识和研究成果，的确对教学具有指导作用。

第二次讨论报告

讨论主题：就个别差异问题进行讨论。

小组成员：AAA、BB、潘翠君

报告人：潘翠君

报告内容：

在教学实践中，我们能够普遍感觉到学生个别差异的存在。一个班上的学生，不仅仅是在能力、气质、性格上存在差异，而且在学习方式上也存在差异。我们应该认识到，从学生在学习方式方面的差异去分析，比直接从学生在智力方面的差异去分析更有利于帮助每个学生充分发挥他们在学习方面的特点和潜力。

根据有关心理学家的理论，我们可以从以下方面来认识学生在学习方式上的差异：

一、感觉通道的差异

从我们的生活实际中可以观察到，有些人善于通过"读（看）"来学习；有些人善于通过"听"来学习；还有些人则善于通过"做"来学习。心理学家认为，可以用感觉通道的差别来解释这些现象。感觉通道是指学习者对视觉、听觉和动觉的偏重程度。视觉型的学习者，对视觉刺激敏感，习惯从视觉接受学习材料，例如景色、相貌、书籍、图片等。这样的学习者喜欢通过自己看书和记笔记来学习，而不适合教师的讲授和灌输。而听觉型学习者则偏重听觉刺激，他们对语言、声响、音乐的接受力和理解力强，他们在学习时甚至喜欢戴着耳机听音乐。当学习外语时，他们喜欢的方式是多听多说，不太关心单词的具体写法或者句型结构。动觉型学习者喜欢接触、操作物体，对自己能够动手参与的认知活动感兴趣，而教师用手拍拍他的头表示赞赏所产生的效果要比口头表扬好。

这一理论对我们的教学工作很有启发。比如，在课堂上，教师总是希望所有的学生都整齐划一，都能专心听讲。但事实上，总有一些学生未必能达到教师的要求，他们显得漫不经心，有的喜欢手上动这动那，有的眼睛盯着书本看，不一定盯着教师。但这未必就说明他们没有参与学习，有时候教师点他们起来回答问题，他们照样能说得清楚明白。可见，教师应该了解学生的这种差异，予以区别对待。

二、认知方式的差异

（一）场依存性和场独立性

场依存性和场独立性这两种认知方式，与学习有密切的关系。一般说来，场依存性者对人文学科和社会学科更感兴趣；而场独立性者在数学与自然科学方面更擅长。场依存性者较易于接受别人的暗示，他们学习的努力程度往往受外来因素的影响，因而场依存性的学生在诱因来自外部时学得更好；而场独立性者在内在动机作用下学习，时常会产生更好的学习效果，尤其明显地表现在数学成绩上。

这种场定向的观念，对我们小学教师来说，是应该了解的，为了使学生更好地得到发展，在小学阶段就应该识别学生的场的倾向，并使课程的教法适合他们；而且教师和学生最好能够根据其优先的认知方式加以匹配。当然，更好的策略应该是，将每个学生和教师的全部技能扩大到超出他们占优势的认知方式的范围。例如，让一个场独立的儿童去完成某些要求社会敏感性的任务，如担任班干部、主持班会等；对于场依存性的儿童也可以让他们应用分析技能单独完成某项任务。

（二）反思型和冲动型

有些学生知觉与思维的方式是以冲动为特征的，有些学生则是以反思为特征的。冲动型思维的学生往往以很快的速度形成自己的看法，在回答问题时很快就做出反应；反思型思维的学生则不急于回答，他们在做出回答之前，倾向于先评估各种可替代的答案，然后给予较有把握的答案。

研究发现，反思型的儿童解决较少维度的问题比起冲动型的孩子要快得多，但是冲动型的儿童解决具有许多维度的任务比起反思型的儿童要快得多。反思型学生在完成需要对细节作分析的学习任务时，学习成绩较好些；冲动型学生在完成需要作整体性解释的学习任务时，成绩要好些。

教师应该了解学生的这些特点，予以正确对待。

学习方式的差异还有很多，在此不赘述。

在我们的教学中，既要做到面向全体，使每个学生都得到发展，又要做到正视学生的个别差异，因材施教，使每个学生的才能都得到充分的挖掘。

再次读到这些作业的内容，依然觉得很有见地、很受启发。现在回想起来，当时的学习虽然很辛苦，但是所学到的这些教育教学理论对自己的工作还是很有帮助的，这也正是我坚持学习的内在动力。

# 三、学位英语考试

在我所学的课程当中，大学英语对我来说是难度最大、让我投入精力最多的一门课。当初刚入学时，我就给自己定下了一个目标：不仅要拿到本科文凭，还要拿到学士学位。拿文凭相对较容易，只要各科成绩合格即可；但想拿学位则很不容易，因为北师大规定取得学位要达到三项条件：一是各科成绩平均分要达75分以上；二是参加北京市统一组织的成人三级英语考试取得合格证；三是学位论文达到良好以上。对我来说，第二个条件是最大的障碍，因为十多年不与英语打交道，读初中时学的一点英语早忘光了！但我想，"事在人为"，只要肯努力，便有可能成功！

我从最简单的英语基础开始着手，先看完了我儿子的《小学英语阅读100篇》，觉得还行；接着去图书馆借来初中英语单词书，抽空强记；然后再看一些初中程度的英语阅读材料，慢慢地积累和提高。由于提前做了这些准备，当我坐在课堂上听大学老师讲英语课时，我不再觉得那么吃力了，学起来也有了一定的信心。

除了面授听课，我还花了不少的时间跟着电脑光盘学习，对每一课的单词、课文、课后的练习都认真地消化，有些课文甚至能够背下来。

在两个学期的大学英语课程学完之后，我又开始为学位英语考试而拼搏。又经过一年的努力，做了厚厚的几本练习题，我终于通过了这一非常严格的英语考试，取得了合格证，为申请学位扫清了障碍，最终达成所愿。

如果说，最初学英语是迫于外在的要求不得不学，到后来则是觉得它有用处而自觉去学。我逐渐意识到，懂基本的英语，是一个现代人必须具备的素质，而且，在工作和生活中我也尝到了英语水平提高所带来的甜头：比如去听英语公开课，不再像以前那样只能看热闹、根本听不懂了；我把听英语课也当作学英语的好机会，跟着老师和学生一起学习；当我与学生在一起时，他们的英语对话也难不倒我，偶尔还能与学生讲上一两句英语，令他们刮目相看。记得有一次在六年级上"电磁铁的磁力"一课时，我拿着一盒回形针对学生说："你们能不能想办法做一个磁力很强的电磁铁，把这一整盒回形针一次全都吸起来？"话音刚落，就听到有个同学说："It's impossible!"我听懂了他的话，立马回了一句："It's not impossible!"然后，我拿出事先制作好的一个强力电磁铁进行演示，果真吸起了整盒回形针，这下，学生对我佩服得不得了，下课了还过来对我说："老师你也会讲英语啊！"

英语水平的提升还有后续效应。若干年后，儿子赴美留学，我和老公前去参加他的毕业典礼，当年打下的英语基础还真的派上了用场，在入境美国时，我能用简单的英语与海关工作人员进行交流，很快顺利过关，这让我挺自豪的。还有一次在康奈尔大学的校园，我用简单的英语加手势与一位指导社团活动的教授交流，从而顺利获得了一件小礼品———一株水培植物，这是让我最得意的一次经历。

图 7 作者在康奈尔大学校园（2018 年 8 月）

# 四、学习带来的改变

用三年的业余时间学习，坚持下来，带给我的改变不仅是多了个本科文凭和学士学位，而且还有更多深层次的影响，主要体现在以下方面：

其一，进一步夯实了教育教学的理论基础，这让我在当年的教师招考中"一试而中"。

来深圳做了10年的"打工老师"，一直没有机会参加教师招调考试，看到周围的同事、朋友很多都考上了正编老师，内心很是羡慕，也有些许无奈。皇天不负有心人，机会终于来了，就在2006年9月初，宝安区教育局发布了教师招考通知，其中正好有"小学科学老师"的岗位，而且我也符合报考的条件，不由分说，我便立即投入紧张的复习备考之中。从看到通知到参加笔试，中间只有短短的12天！12天的时间，有那么厚的几本书要复习，而且白天还得照常上课，这对于以前从未参加过这种考试、且已年近不惑的我来说，无疑是个极大的挑战！但我就是在这种异常激烈的竞争中顺利闯过了笔试关，进入面试；又因面试成绩第一，最终得以录取，成为了深圳市的一名正编教师。这无疑是我人生中的一个巨大转折点！很多同事都说我创造了奇迹！但我心里非常清楚，这样的奇迹之所以能发生，很大程度上要归功于我这三年的本科学习。三年的勤学苦读，不仅让我保持了良好的学习状态，更是打下了扎实的教育学、心理学等方面的理论基础，再加上平时在教学实践中的不断锤炼，终于在这种公开、公平、公正的招调考试中脱颖而出，达成所愿。

如果说，考上"正编"是一种外显的改变，那么，第二个方面的改变则是相对内隐的，只有自己能够感觉到，那就是教育视野的拓展。三年系统而扎实的学习，理论与实践相结合，能够让自己从单纯关注学科教学的狭隘想法中跳出来，真正领悟并尝试做到"以生为本""全面育人"。下面这篇小论文就是当时写的非专业教学方面的文章，已发表在校刊上。

附：

## 对小学高年级学生顶撞老师现象的思考

在人们的印象中，小学生是听话、好管的。他们年龄小，知识少，思想单纯、天真烂漫，对老师的话说一不二。但是，在实际的教学中，老师们感觉到，现在的小学生越来越难管了！在高年级的课堂上，学生捣乱起哄、顶撞老师、甚至集体抗议的现象时有发生。这不得不引起我们的反思。笔者作为五、六年级学生的任课教师和家长，有机会了解他们在校生活的方方面面。在此，笔者想就下面这一具体事例，谈谈自己的拙见。

某日，某班学生去某功能室上课，班主任组织学生整队，并目送至楼下。此时，班主任忽然想起任课老师来过电话，说要学生必须带笔，便问："你们都带笔了吗？"学生有的说："带了。"有的说："没带。"但老师看时间已来不及了，便未叫学生返回取笔。上课时，任课老师发现好多学生没带笔，有些生气，命令这些学生站着，其间有调皮者，或蹲下，或扮鬼脸，扰乱上课秩序，惹得老师更加生气，便严词责怪。学生的对立情绪也愈发加剧，甚至集体起哄、说些难听的话语，令老师更加生气，一下课即打电话向班主任控诉。班主任一听自己班的学生如此胆大妄为，给自己脸上抹黑，便气不打一处来，对这些学生一顿狠批，命几个为首者，在全班前做检讨，外加罚做值日。事情到此，应该算平息了，但被罚的学生在做值日时，采取了一系列报复性的行为：损坏扫除工具、将花坛倒满水等等，以此来发泄心中的不满。学生认为，事情的起因与班主任有关，为什么老师不先说声"对不起"？更可怕的是，学生还说道："老师批评我们时，我们个个都捏紧了拳头，真恨不得冲上去，揍老师一顿……"

这可能是校园每天发生的无数件事情中极不起眼的一件。笔者在此无意去评价某个老师的是非对错。毕竟，人无完人，老师们的工作又是千头万绪，对某个细节的处理出现疏漏也是情有可原的。笔者只是想通过这件事，反思一下我们的教育观念和教育方法。

反思之一：如何看待现在的小学生？

社会的发展，科技的进步，使得现在的小学生已是"今非昔比"了。他们的头脑里，充斥着从各种途径获得的五花八门的知识或信息；他们谈起写情书、追女孩子的话题，滔滔不绝；他们敢对老师说"凭什么让我们罚站？你的工资可是我们给的！"（注：笔者当时工作在民办学校）；他们知道老师不能体罚学生，否则可向校长投诉；他们在背地里甚至用"变态""更年期"之类的"时髦"的字眼来评价某老师的不当做法……

面对现在的小学生，老师还能用传统的眼光看待他们吗？

把学生当"人"看，这是现代教师应有的"学生观"。

长期以来，学生（尤其是小学生）没有被看成是有个性的独立存在的人，他们在社会上处于从属和依附的地位，许多成人往往出于"为了孩子、关心孩子"

的主观目的而把自己的价值观强加给儿童，完全不考虑儿童的需要。体现在学校教育中便是学生要绝对服从老师，老师让站着，学生就不能坐下，由此而导致体罚学生的现象屡见不鲜。在前面所述的事例中，不正是由于学生被罚站，才导致后续一系列不愉快的事情发生吗？

毋庸置疑，学生是受教育的对象，教师在教育教学活动中处于主导地位。学生需要在老师的细心指导和严格要求下，增长知识、积累经验，从而完成从幼稚到成熟、从自然人到社会人的转变。同时，我们还应该认识到，学生是有思想、有感情、有独立人格的活动着的个体，他们在人格上与教师是平等的。作为现代教师，更应该清楚地认识到学生在社会中的主体地位，保障学生的合法权益（尤其是受教育、受尊重的权利）不受侵犯。

反思之二：老师的威信靠什么建立？

众所周知，教师的职业角色，除了"传道者""授业解惑者"等之外，还有一个重要的角色，那就是"管理者"。要管理好教育教学活动，教师必须在学生心目中具有威信。通常，一个管理者的威信，无外乎来自两个方面，一是他所处的职位，二是靠他的人格魅力。而仅仅靠前者所获得的威信是表面的、短暂的；只有靠人格魅力赢得的威信才是真正的、持久的。美国著名教育家保罗·韦地博士花40年时间，收集了9万名学生的信，从中概括出一个好教师人格魅力的12个方面，即友善的态度、尊重每个学生、耐性、兴趣广泛、良好的仪表、公正、幽默感、良好的品性、对个人的关注、坦率、宽容、有方法等，笔者以为，其中有两点最值得注意，那就是坦率和宽容。坦率就是"当他发觉自己有错时，他会说出来。"宽容则是"他装作不知道我的愚蠢，并且将来也是这样。"

反思我们的教学，我们做到了坦率和宽容吗？我们向学生说过"对不起"吗？在我们的潜意识里，"师道尊严"的思想依然浓厚，即使知道自己错了，也很难开口向学生道歉，怕丢面子，怕失去威信。在前面所述的事例中，如果任课老师肯听学生的解释，然后说一句"对不起，错怪你们了"，不也就很快化解了矛盾吗？如果班主任在处理这件事情时，能够先向学生道歉："对不起，都怪老师忘了通知你们，让你们受委屈了……"这个时候，学生还会有那么大的怨气吗？学生难道不会被老师的真诚坦率、宽容大度所感染，从而主动检讨自己的错误、虚心接受老师的教育吗？

因此，老师应该努力增强自己的人格魅力，在学生心目中树立真正的威信。

反思之三：当学生不听话时，老师怎样对待？

大凡当老师的，都喜欢那些听话、顺从的学生；对那些不按要求做的孩子，往往感到烦心。若有学生不服管教，敢同老师顶嘴，则会被看作是大不敬的。老师往往会用大声呵斥、严厉批评、勒令检讨，或者再加上罚扫地、罚抄写等手段来让学生顺服。笔者并不否认，在某种特定情形下强制手段是行之有效的，但是仅仅凭借老师手中的权力，靠强迫和压制来对付学生，毕竟不是上乘之策。笔者以为，当老师处于这种尴尬境地时，不能一味地去责怪学生，应该进行一种理性的换位思考，应该从信任学生、理解学生的角度出发，冷静地反思一下自己的言行是否有不当之处。在前面所述的例子中，学生之所以对任课老师出言不逊，不就是因为老师错怪他们在先吗？学生之所以采取损坏公物等报复行为，不就是因为受委屈、受压制而又无处发泄吗？

从另一个角度来说，全面实施素质教育，提倡的是发挥学生的个性，培养学生的创造性。在教育教学实践中，如果要求学生时时听话，处处顺从，对老师百依百顺，那么这样的学生何来个性和创造性？因此，允许学生申诉，允许学生提不同意见，给学生平等对话的权利，是我们老师应该努力做到的。当学生有自以为充足的理由而与老师顶嘴时，当学生认为老师的要求不恰当而拒绝执行时，做老师的，不能仅仅只看到学生不懂礼貌、不尊敬老师的这一面，还应该看到这类孩子的闪光点，那就是他们有主见、有个性！对这样的学生，教师应该更欣赏他们！

有学者说，教育应该是一种享受。即教学活动应该让师生双方感到愉快，感到满足。而要达到这种境界，首先必须建立一种民主平等、融洽和谐的师生关系。这种关系的建立，关键靠教师。

"教书者必先强己，育人者必先律己。"江泽民主席在北师大 100 周年校庆的讲话中对教师提出了明确的要求。我们教师应该不断学习，与时俱进，使自己具备良好的德、识、才、学，成为一个受学生欢迎的、具有较高威望的好老师。设若如此，相信我们的课堂不会再有学生起哄捣乱、顶撞老师；相信我们的学生能和老师一起，"学之""好之"，进而达到"乐之"——进入"享受"的境界。

（2002 年 12 月）

学习带给我的第三个改变是论文写作水平得以提高。在三年的本科学习中，由于平时经常要写作业、写小论文，而且后期申请学位时，专门有老师指导学位论文的写作，也让我的论文写作水平得以提升。下面这篇，就是我当时写的学位论文。

附：

## 试论小学科学课的探究式教学

**【摘要】**探究式教学是将科学领域的探究引入课堂的一种教学方式。小学科学的《课程标准》中强调"探究"。目前一些科学教师对探究式教学还存在认识上的偏差，认为"探究等于动手做""探究就是让学生放任自流"，因而导致教学效果大打折扣。笔者认为，小学科学教师应理解探究式教学的基本特征，掌握探究式教学的实施要点，引导学生经历"提出问题、进行假设和猜想、设计方案、进行观察实验、组织研讨交流"等科学探究的基本过程，使学生在知识、技能、情感、态度、价值观等多方面都得到发展，使小学科学课的教学真正达到培养学生科学素养的目的。

**【关键词】**小学科学 探究式教学 现状 认识 实施要点

我国新一轮的课程改革，将小学的"自然"改为"科学"。这不仅仅是课程名称的改变，更主要的是培养目标、教学理念、学习方式、内容体系等的一系列改变。《科学（3~6 年级）课程标准》（以下简称《课标》）中明确指出，"小学科学是以培养科学素养为宗旨的科学启蒙课程""科学学习要以探究为核心""探究既是科学学习的目标，又是科学学习的方式。亲身经历以探究为主的学习活动是学生学习科学的主要途径。"由于"探究"对学生科学素养的提高具有多方面的作用（如，满足儿童的好奇心和求知欲，增进学生对已有知识的理解，学会合作、交流、分享等），因此，小学科学课的教学模式应该以"探究式教学"为主。笔者作为从教多年的小学科学课专职教师，拟针对本学科的教学现状及存在的问题，从基本含义、基本特征、实施要点等方面对探究式教学进行简要论述。

一、现状描述

由于新课程的实施刚起步不久，许多小学科学教师（尤其是一些兼职教师），对探究式教学还缺乏正确的认识和理解，因而导致实施的效果不佳。存在的误区主要有：

（一）探究是科学家的事，小学生不必要探究

在一些老师的心目中，总认为探究是一种高级活动，技术要求高，科学含

量足，只有科学家或科研人员才能进行；而我们的学生连基本的知识都还没有，谈什么探究？让学生去探究，无异于浪费时间，还不如老师"牵着学生的鼻子走"，这样才能让学生学到知识。这种看法在一些兼职的小学科学教师中比较多见。由于科学课只是他们的"副科"，他们往往不会认真地去学习和领会《课标》的精神；他们关注的依然只是"知识"和"结论"，所培养的学生容易成为"高分低能儿"。

（二）"探究"等于"动手做"

一些老师认为，"探究"就是让学生"动手做"，一节课的重点就是把实验材料发给学生，让他们动手就行了；至于动手之前、之后的思考，交流，表达等环节，则要么忽略，要么由老师包办代替。这样的所谓"探究"，只是培养了学生的实验操作技能，并不能起到培养学生创新思维、发展学生多种能力的作用。

（三）重表面现象，不重实际效果

一些老师认识到了"探究"的重要性，也在积极地实施探究式教学，但往往是"只重其表，不重其里"。笔者在听课中经常发现这样的现象：一些探究课的设计缺乏严密性，探究环节掌握不当，探究过程粗制滥造；一些探究课，表面上热热闹闹，实质上却没能让学生有多少收获。部分老师认为，探究就是给学生充分的自由，放手让学生自己去发现，老师不需要花那么多精力去备课、讲课，变"轻松"了，因而思想上不重视，教学效果大打折扣。

上述现状表明，部分小学科学教师对探究式教学还缺乏正确的认识，还没能掌握有效的指导策略。这种情况如不能得到及时的改善，提高学生的科学素养将是一句空话。

二、对探究式教学的正确认识

（一）基本含义

探究式教学是将科学领域里的探究活动引入课堂，在老师的引导下，让学生通过类似于科学家的探究过程来理解科学概念和科学探究的本质，并培养科学探究能力的一种特殊的教学方法。我国小学自然教学改革的先锋刘默耕老师早就提出，要"带领儿童沿着科学家的足迹，学着像科学家那样真刀真枪地搞科学"[1]，这便是对探究教学的一种形象的概括。那种认为科学探究是科学家的

---

1　刘默耕：《刘默耕小学自然课改革探索》，湖北教育出版社，1998 年 8 月，第一版，第170 页

专利、学生不会进行科学探究的想法是片面的。如在美国《国家科学教育标准》中就有这样的表述："科学探究指的是科学家们用来研究自然界并根据研究所获事实证据做出解释的各种方式。科学探究也指的是学生构建知识、形成科学观念、领悟科学研究方法的各种活动。"在教学中引导学生进行探究，重在让学生经历科学发现的过程，使学生在知识、能力、情感、态度、价值观等诸方面都得到发展。

（二）基本特征

要正确实施探究式教学，必须把握其基本特征，以防止出现对探究式教学的"泛化"和"神化"。一般来看，探究教学具有以下特征：

1. 学生是通过探究活动获得新知并培养能力的

探究式教学不是先将结论直接告诉学生，再通过演示实验或学生实验加以验证，而是让学生通过各式各样的探究活动诸如观察、调查、制作、收集资料等，亲自得出结论，使他们参与并体验知识的获得过程，建构起对自然的新的认识，并培养科学探究的能力。这样的学习活动，能够真正激发学生学习的内在动机，使学生去积极主动地学习。

2. 探究式教学注重从学生的已有经验出发

对学生认知理论的研究表明，学生的学习不是从空白开始的，已有的经验会影响现在的学习，教学只有从学生的已有知识和生活实际出发，才会激发学生的学习积极性，学生的学习才可能是主动的，否则，就很难达到预期的教学目标。例如，教科版四年级下册的"食物"单元，不是简单讲述有关常识，而是让学生从调查一天的食物着手，逐渐地认识和了解有关食物的营养、怎样做到合理膳食等方面的知识。

3. 重视证据在探究中的作用

科学家在探究中要花费大量的精力收集证据，并以此为基础解释自然界的运行机制。在科学课堂的探究中，证据有着同等重要的作用。例如，学生通过对月球的连续观测，获得了一组有关月球阴影的位置、大小、方向等数据，并以此为基础提出月相变化的模型。所以可以说，证据是学生通过探究获得新知的关键所在。同时，通过证据的收集、从证据中提炼解释、将解释与已有的知识相联系等过程，锻炼了学生的推理及批判思维能力，也使他们懂得了科学家是如何思考问题、如何工作，以及如何通过探究来发现并获得新知的。

4. 重视合作式学习

在探究式教学中，常常需要分组制订研究计划、分组实验和调查，需要讨论和意见综合等合作学习。按照建构主义的教学论，学生是按照自己的方式来建构对事物的理解的，由于已有经验、文化背景的特殊性，学生对事物的理解会各不相同。合作学习能使学生看到问题的不同侧面，对自己和他人的观点进行反思或批判，从而建构起新的和更深层次的理解，同时，也增强了团队精神和合作意识。

5. 探究式教学重视形成性评价和学生的自我评价

探究式教学的评价要求较高，如它要求评价每一名学生理解了哪些概念，哪些还模糊不清或不知道，能否灵活地运用知识解决问题；是否能提出问题，是否能设计并实施探究计划，是否能分析处理所收集的证据，是否能判断证据是支持还是反对自己提出的假设等。但要弄清楚这一切，单靠终结性评价是难以奏效的。探究式教学在重视并改进终结性评价的同时，很重视形成性评价，如学生的观察记录、填写的表格、收集的资料、制作的模型等，通过这些可以了解学生平时的学习情况。重视学生对自己学习过程的评价是探究教学评价的另一个特点。学生不断地对自己的探究学习进行评价，如检查采用的方法是否合适、解释是否合理、对知识的理解程度如何等，可以提高学习的效率，利于学习目标的达成。

（三）与其他教学模式的关系

在小学科学课中，探究式教学虽然是主要的教学模式，但不能把它作为唯一的模式。由于探究式教学的成功开展会受到很多客观因素的影响，而且，探究式教学的效率往往是很低的，因此，不可能把所有的科学知识的学习都以探究的形式来进行。如果教师在教学时不考虑学习内容的难易程度、不管客观条件是否允许、不管时间是否可行，一味要求学生探究，那么势必会出现学生的探究活动不能最终完成——有过程无结果的现象；或者是最终探究的结果引起不了学生的兴奋（探究的内容太浅）。因此，在积极实践《标准》中提出的"科学学习要以探究为核心"这一理念的同时，还要注意多种教学方法的运用。

三、探究式教学的实施要点

探究式教学的基本环节一般包括提出问题——假设，猜想——制订计划——观察，实验——讨论，交流——得出结论等过程。不同的教学内容，探究过程会有不同，可以是全过程的，也可以是部分的进行。对于小学生来说，要使探究活动取得好的效果，老师的组织和指导至关重要。下面结合探究式教学的各环节，对其实施要点分述如下：

（一）引导学生提出值得探究的问题

"提出一个问题比解决一个问题更重要"。科学正是在不断地提出问题，不断地解决问题中发展的。"提出问题"常常是科学探究活动的开始，对整个教学过程的进行起着重要作用。但在实际教学中，会遇到这样的情况：当教师创设了情境，要求学生对情境中的事物、现象进行质疑时，学生不会提问题，或提不出要探究的问题，此时一些教师会不知所措；有些教师面对学生提出的众多的问题（有些是非科学的或与本课内容无关的问题），不懂得如何处理；有些教师为了体现学生的"主体性"，不管学生提出什么问题，也不管课堂条件适不适合学生研究该问题，或学生现有的能力能不能研究该问题，不加选择地让学生自由地去研究这些问题。

笔者认为，教师应该对自己在教学中的地位有一个透彻的认识。教师不但是教学活动中的组织者、引导者、促进者，同时也是参与者。当学生不会提问题时，教师可以这样引导学生："同学们看来对这个事物（或现象）都很了解，不过老师有一个问题（从某个侧面提出一个相关问题）……现在，对于这个事物（或现象），你还有什么问题吗？"通过教师这样不断地启发、引导，学生就会慢慢地学会提问题。当学生提不出与本节课有关的问题时，教师可作为共同学习中的一个参与者，提出问题："同学们都提出了很多问题，老师也有一个问题……"

小学生，尤其是刚上科学课的三年级的小学生，知识水平、认知能力还很低，提出的问题往往是肤浅的、零碎的，有时甚至词不达意，教师就要帮助学生把问题明朗化、概括化。如对"纸"提问题，学生往往会提到：想了解纸的颜色，纸的味道，纸的气味，纸的形状，纸是怎样得来的，纸有什么用途等。在此例中，"纸的颜色、纸的味道、纸的气味、纸的形状"概括起来就是"纸的特点"。教学中，教师要引导学生把问题进行梳理、归纳。课堂教学总是围绕着一定的教学目标进行的，学生必须在一定教学计划的规定和教师指导下学习。在充分发挥学生主体作用，让学生提出问题的基础上，教师要注意发挥引领作用，引导学生对提出的问题进行分析、整理，从中筛选出适合本节课要探究的问题。

（二）进行假设和猜想

让学生应用已有知识和经验对问题做出假设和预测，这是科学探究的一个重要环节。"对于一个完整的、卓有成效的科学研究来讲，一个成功的假说是必不可少的。因为假说影响研究路径的设计。"[2] 对于学生的探究活动来说，假说也同样重要，它可以培养学生大胆猜想、勇于创新的精神；而且，假设之后必定要进行验证性的活动，通过验证来得出结论或者修正假设，这有助于学生了解科学家的研究过程。

如笔者在上"种子的萌发"一课时，当提出"种子萌发需要哪些条件"这一问题之后，便先让学生根据已有的生活经验做出假设。稍加思考之后，"阳光""土壤""水""空气""温度""肥料"等可能的条件都被学生提出来了。虽然老师明知其中的几个假设不符合事实，但老师没有将答案直接告诉学生，而是让他们自己通过实验去验证。后来，经过一个星期的观察实验，他们终于知道了先前假设中"阳光""土壤""肥料"这三个条件并不是种子发芽所必需的。先前提出了这几个假设的同学，也坦然接受了事实，修正了自己的认识。

可见，通过这样的假设—验证活动，可以培养学生勇于探索真理、不怕挫折的精神和随时准备纠正错误的态度。

（三）设计探究活动的方案

动手之前先动脑，围绕着要探究的问题，引导学生制订探究活动的方案，这是探究活动的重要环节。"掌握科学探究的方法"既是科学课的教学目标，同时又是发展学生思维的一个重要过程。刚接触科学课的小学生，对于这一个环节是觉得陌生和难以独立完成的。由于受知识经验和能力的限制，他们考虑问题缺乏周密性、严谨性。围绕某个问题制订活动计划时，他们提出的解决问题的方法往往是粗糙的、片面的、缺乏科学性的，教师要注意引导学生完善方法，发展思维。

如教"一杯水的观察"一课，当老师提出："你打算怎样去认识水呢？"学生都会想到：观察。但学生的观察往往局限于用眼睛去看，他们的方法往往是直观和肤浅的。这时，教师就应进一步引导学生：怎样去观察？用我们的感官去观察时，应先用什么去观察？为什么不先用手呢？通过这样的引导，让学生明白"观察"的形式和方法是多种多样的，观察活动也应该是有计划有步骤的，进而使学生掌握科学的观察方法。

（四）进行观察、实验等探究活动

观察、实验等活动是小学生最乐意去做、也是最能发挥他们自主性的环节。

---

2 张红霞：《科学究竟是什么》，教育科学出版社，2003年12月，第一版，第55页

在此阶段，教师要为学生安排足够的自主活动时间，并时常以一个参与者的身份深入到各个探究小组之中，和学生一起进行活动，以及时了解各小组的进展情况，并在必要时提供帮助。

此外，为了使学生的探究活动取得好的效果，教师在进行指导时需特别注意以下两点：

1. 精心准备，选择有结构的实验材料

小学生的观察、实验过程，主要是通过操作实验器材来实现的。这些实验器材必须经过合理的精心的选择，使其具有严密的结构。例如教"各种各样的液体"一课时，为了帮助学生理解液体的特征，教师在材料选择上反复斟酌，最后为各小组提供了一杯水、一杯沙、一杯菜油、一杯小石子这四种材料，先让学生把四杯物质分成两类，并说出分类的理由。当学生把水和菜油分成一类，把沙和小石子分成另一类后，就自然地投入到对这四种物质运用多种方法进行观察的活动中，然后千方百计地找出它们的相同点和不同点。在这样的活动中，学生领悟了液体的这种"没有固定的形状、会流动"的共同特征，达到了对知识的自我建构与同化。如果仅仅是提供几种液体材料，明显是不够的。可见，"材料的结构性"对学生探究活动的效果会有很大影响。

2. 指导学生学会合作探究

在进行观察、实验等操作时，一般是以 3~4 人为单位组成实验小组而进行的。这既便于活动的顺利完成、提高活动的效率，同时也便于培养学生的合作精神。但在教学实践中笔者感觉到，现在的学生往往有过强的独立意识、竞争意识，而合作精神非常缺乏，表现之一就是实验操作时常常出现争吵、告状的现象。因此教师不能很随便地将几个学生凑到一起、组成一个小组。一般认为，应根据"组内异质""组间同质"的原则来组建实验小组，而且还要选定小组长，督促小组成员进行角色分工，以便使每个学生最大限度地参与活动。

笔者在上"制作电热切割器"一课时，发现学生的小组合作非常好：为了达成一个共同的目标——制成电热切割器，同小组的四个人就得齐心协力，有的固定电热丝，有的连接导线，有的连接电池盒，有的固定泡沫塑料板。当每个人都努力尽到了职责时，很快就达成了共同的目标——切割下了预设形状的泡沫塑料。此时，每个人都体验到了成功的快乐，真切地感受到了合作的重要性。

因此，从教学实践来看，一个实验小组之间应该具有以下四个方面的相互依赖关系：

（1）目标相互依赖。小组成员需要共同努力，完成同一个学习目标，成员个体的活动由小组的共同任务所统一。只有每个成员都完成了自己所承担的工作，小组的目标才能达到。

（2）角色相互依赖。探究小组需要确定每个成员的任务和责任，进行明确的分工。这就形成了小组内相互补充和相互支持的角色系统。

（3）资源相互依赖。为了实现共同的学习目标，小组成员之间还必须交流信息和分享有关材料，因为在一般情况下没有一个人会具备全部的知识和资源并独立完成探究的问题。

（4）奖励相互依赖。在小组学习目标达成后，全体成员得到一个相同的针对小组成果的评价或奖励。这一评价取决于每一个成员在探究过程中的表现与努力。

在这些相互依赖关系的作用下，学生之间便会呈现出"生生"互动、团结协作的新局面，从而使得观察、实验等探究活动有序地进行，为后面的交流研讨活动积累充足的信息。

（五）组织学生进行交流研讨

在上述观察、实验等探究活动之后应组织学生进行交流和研讨。这种研讨不是盲目的，是以探究过程为基础，有目的、有针对性地对探究的问题进行研讨。在教学中，可以采取分组研讨与全班研讨相结合的方法，即先以实验小组为单位进行，再由各实验小组汇报研讨结果，然后教师帮助汇总全班研讨的成果。教师应该让学生有足够的发言机会，不论他们的发言正确与否，教师都要认真倾听。

科学探究活动的目标之一，是为了获取知识、建构知识。教学中笔者发现，每次学生探究后都有许多话要说，然而，学生通过自己的观察、实验等活动获取的信息往往是零碎的、表面的、杂乱无章的。教师要善于引导学生从已获得的信息中，提取出有价值的信息，把零碎的知识进行归纳、整理，获得对问题较为完整的认识，建构起有关知识。

如：学生通过对水的观察，获取了有关水的一些信息：用眼看，水是无色的、透明的；用鼻闻，水是无气味的；用舌尝，水是无味道的；把水用杯子装着，拿起，往下倒，水会不断地往下流；把纸巾放在水里，水会把纸巾弄湿……其中，"水会不断地往下流"，说明了水有"流动性"；"水会把纸巾弄湿"，暗含着水有"渗透性"的性质。教学中教师就要引导学生从已获得的信息中提取出有关水的这些知识。在此基础上，引导学生进一步概括出水是怎样的一种物质："水是一种无色、无味、能流动的，有渗透性的物体"，从而获得对水较为完善的认识。

综上所述，对于小学科学课的探究式教学，教师的正确认识和有效指导是保证教学效果的关键。小学科学教师应该充分理解探究活动对培养学生的科学素养所具有的重要意义，在教学实践中努力做到精心设计、合理组织教学环节，不断总结和提高自己的指导水平，使学生的探究活动能有序、有效地进行。要通过"科学探究"这一载体，使学生在知识、技能、情感态度价值观等诸方面都能得到发展，从而使小学科学课的教学真正达到"培养学生的科学素养"这一目的。

参考文献

[1] 张洪鸣.引领孩子们亲历科学：小学科学教学案例解读 [M].1 版.江苏：江苏教育出版社，2001.

[2] 徐学福.科学探究与探究式教学 [EB/OL].http：//www.daima.com.cn.

[3] 罗星凯.实施科学探究性学习必须正视的问题 [EB/OL].http：//www.chinaese.org.

[4] 刘海平.从《电路出故障了》谈"以探究为核心"的教学 [J].科学课（小学版），2005（4）.

除了上述三个"改变"，还有一点不得不说，那就是对孩子的正面影响。

说到孩子的教育问题，许多家长都感到头疼，即使我们当老师的也不例外。我读本科的这三年，孩子读初中，正处于青春叛逆期，弄不好就会导致亲子关系紧张。但庆幸的是，这种情形没在我家出现，其原因大概与我当时处在学习状态有关：一方面，我能把正在学习的教育学、心理学等方面的理论用于家庭教育之中，不断摸索和改进对孩子的教育方法，始终注意营造一种民主和谐的家庭气氛，想办法走进孩子的心灵，努力成为孩子可以信赖的朋友、探讨问题时的学习伙伴、以及遇到挫折时的心理支持者；另一方面，我与孩子"同学"了三年，营造了一种学习型家庭的氛围。好多个夜晚，我和孩子同坐一张方桌前，他在做他的作业，我在看我的书，有时遇到问题还可互相讨论一下……也许是我认真学习的精神感染和影响了孩子，初中三年他的成绩一直名列前茅，中考成绩优异，可以报读深圳市的任何一所高中，后来选了离家较近的一所中学，入读重点班，高一期末考试，九门功课总分排名年级第一；高考成绩也不错，入读广东省的一所"双一流"大学，曾获得国家奖学金；本科毕业后申请到美国的一所常青藤名校读硕士，后来又到另一所常青藤名校读博士……事实证明，在学习型家庭中成长的孩子，往往会热爱学习；家长的言传身教，对孩子的成长的确会产生很大的影响。

# 第三章 参与教研 水平提升

如果说，三年北师大的本科学习夯实了我的教育教学的理论基础，那么，参加学科教研及课题研究活动则是大大促进了我的专业水平的提升，对我的成长也起到了至关重要的作用。

图 8 作者在厦门参加科学教研活动（2014 年 10 月）

## 一、听课学习有收获

刚入职时，因条件所限，我只能看录像带学习；后来慢慢有了外出听课学习的机会，多次参加全国性的小学科学教研年会或是类似的研讨活动，能在现场观摩听课并与全国知名的专家和名师们一起交流，让我收获很多，也思考了很多。以下两篇文章就是我在 2006 年和 2007 年分别参加了全国的教学研讨会之后所写的，文中的一些观点，即使现在读来也不过时：

附1：

# 在教学研讨中成长进步

## ——宁波之行的体会与收获

2006年11月29日—12月3日，我随深圳市小学科学中心教研组的十多名成员，赴浙江省参加了宁波、嘉兴、舟山三市联合组织的小学科学教学研讨会。浙江省可以称得上是小学科学教学改革的"领头羊"，以章鼎儿为首的一批名师起到了很好的带动和辐射作用。此次研讨会历时两天，共推出了7节公开课，另有4位老师作了论文交流；三个市的教研员分别进行了评课；最后，来自中央教科所小学科学教研中心的郁波教授作了报告。

参加完此次研讨会，我感到不虚此行。无论是在思想观念上，还是在教学经验上，都有很大的收获，简要概括为以下几点：

一、在听课、研讨活动中的体会

此次上课的7位老师，都不是浙江省的名师，可见组织者的意图是以培养和锻炼新人、共同研讨和提高为主。这几位年轻教师的课，尽管或多或少都存有不足，但细细品味起来，依然有许多值得我们学习和借鉴的地方。

1. 从教学方式来看，以"科学探究"为主的教学方式已得到了普遍运用。老师在课堂上一般都安排了"问题——假设——制订计划——收集事实——汇报交流"等环节；而且，学生在课堂上体现出了较好的学习习惯，如，在小组合作探究时，谁是材料员、谁是记录员、谁是操作员，各组都有明确的分工，大家忙而不乱，各负其责，共同达成一个目标。可见平时的训练是比较到位的。

2. 从课堂细节来看，几位老师在材料的选择及材料的呈现时间上，都经过了精心的设计。如，有的老师将一节课中在不同时段使用的材料分装在不同的信封里，信封上标明编号（1、2、3），事先放在学生实验桌的抽屉里，到使用时，再告诉学生取规定信封中的材料；也有的老师将材料统一放置，到了需要时，再请各组的材料员上去领取。从教学效果来说，能为学生提供"有结构的探究材料"，是一节课成功的关键之所在，这是一些长期从事小学科学教学的老师都深有体会的。而这几位老师就已经充分注意到了这一点。

此外，在"收集事实"这一环节，几位老师都为学生提供了较为合适的记录表格，在汇报时，让学生展示自己的记录，说出自己的收获。这种有"生成性"的课堂，才是符合新课程理念的课堂。

3. 从教学设计的新颖性来看，以下几处是亮点：

（1）"了解空气"一课中，为了让学生通过实验来认识空气会占据空间，老师在做演示实验时故意失败了（即，当杯子放进水里之后，杯子里面的纸打湿了），然后，老师要学生想办法来解决这个问题，并给学生尝试的机会。这一独具匠心的设计，既调动了学生的积极性，激起了学生的探究欲望，同时，也向学生渗透了一种科学精神，即，不迷信权威，不迷信老师，老师也可能失败，学生能够超越老师。

（2）"磁铁的两极"一课中，当学生用条形磁铁做实验，发现了两极间的相互作用后，老师又给学生提供了其他形状的磁铁（环形、蹄形等），让学生继续研究，看是否有共同的现象；在充分研究的基础上，再引导学生归纳总结出磁铁两极间相互作用的规律。这一设计，看似有些浪费时间，实则不然，用不同形状的磁铁做实验，既可丰富学生的感性认识，也有助于学生认识科学的本质，因为"科学"的一个重要特征是"可重复性"，仅从个别的、偶然的现象中总结出的结论，有时是不科学的。这是我们在科学课的教学中应该重视的问题。

4. 从听课后教学研讨的情况来看，气氛热烈、参与积极是其突出的特点。

无论是听课间隙的热烈讨论，还是评课时的踊跃参与，都反映出了当地的小学科学教师对教学研讨的重视和投入。据说这里面也有许多是兼职教师，但他们对所兼任的小学科学课没有马虎应付，也投入了相当多的精力来研究教学。从他们发言的内容来看，他们研究的问题都紧密联系教学实际，但已经有一定的深度。而他们所进行的"星级教研组"的评比活动，也大大促进了平时教研活动的开展。

二、郁教授的报告对我的启发

在此次教学研讨活动中，郁波教授到场听了四节课，在活动的最后，她讲了一个多小时，谈及了当前小学科学教学中的一些热点问题。我觉得以下几点对我启发很大：

1. 要重视学生的前概念

科学探究的第一个环节是提出问题。问题从何而来？以前大家总认为，问题应该让学生自己提出来。郁教授提出的观点是，问题应该来自学生的前概念。她引用了《How People Learn》一书中的一个故事——《鱼就是鱼》，听来很是发人深省。她认为教师应该创设情景，让学生的前概念浮出来、表露出来，并通过与科学家的概念的比较，找到探究所要解决的问题。

2. 可根据需要来安排科学探究的环节

现在的科学探究课，一般都安排有猜测、制订计划、讨论交流等环节，有一种程式化的倾向。一些老师在教学中虽然感到有些环节不太顺利、不太合乎学生的实际，但为了保持科学探究环节的完整性，还是让它出现在课堂中。教授认为，这不可取。比如，"猜测"必须是有根据的，胡乱猜想是没有意义的；比如，"制订计划"，事实上我们在做研究时有时并没写出详细的计划书，可能是边想边干边改进，为什么每次都要学生写出计划来呢？我认为教授的这些建议，对我们的教学是有启发的。

3. 其他方面，如，对"误差"的正确认识，对"解释"环节应有的重视，对"质疑"精神的培养等观点，听后都觉得很受益。

……

附2:

## 探究教学，还需好好"探究"

——写在参加全国苏教版小学科学探究教学研讨会之后

4月23日—4月26日，我有幸参加了在南京举行的"2007年全国苏教版小学科学探究教学观摩与学术研讨会"。短短两天半的日程中，观摩了8节课，听了几位权威专家的评课及讲座，感觉受益匪浅。在此愿与同行们分享我在听课、评课活动中的收获和体会。

8位上课的老师，来自使用苏教版教材的不同地区。应该说，这8节课，各有各的精彩，各有各的特色，都从不同程度上体现了探究教学的特点。

（一）一节最精彩的课

来自大连的徐老师执教的"不同的声音"一课，是大家公认的最精彩的一课。全课层次清晰，环节设计合理，活动形式多样，很好地达到了教学目标。

课的开头，用较少的时间，通过学生的小组探究学习和老师的演示、指导，使学生认识到声音有音量大小的不同，这与力度有关；接着，再给每组学生提供有比较性的材料（同质的钢管，但粗细或长短不同；同样的皮筋，套在大小不同的盒子上，其松紧程度不同），要求学生用相同的力度敲，从而引导学生认识声音属性的另一个不同——音调高低的不同，并相继给出了"音阶"的概念；这还不够，为了突破难点，老师又利用媒体设备，先后出示了"大提琴"和"小提琴""京胡"和"革胡"的图片，让学生猜哪个是低音乐器、哪个是高音乐器，然后播放这两组乐器演奏的声音，让学生验证自己的猜想。在此基础上，老师用简短的语言概括了乐器制造的基本原理，接着，老师拿出一个简易的琴（用长短不同的金属片固定在框架上制成），先让学生猜哪个键的音调高，再找一个学生上去敲击，结果证明，这次学生都猜对了。最后，老师又拿出6个相同的玻璃杯（内装不同体积的水），说这是一个小土琴，老师用它敲出了一首简单的乐曲，学生跟着唱，以体验自制乐器的乐趣。下课的时间到了，伴随着屏幕上出示的老师自弹自唱的视频，学生们意犹未尽地与老师告别，并纷纷夸奖老师说："老师，你太有才了！"（结果，大家后来都叫他"徐有才"老师，而不叫他本来的名字了）

回味这堂课的精彩之处，我最欣赏的是以下几点：

1. 老师的语言功底深厚，善于赏识和调动学生

作为老师，语言表达水平如何，将直接影响学生听课的效果。徐老师在这方面堪称"高手"，他不时地讲出幽默、调侃的话语，让学生在开心一笑中，感到轻松、愉快，课堂气氛也变得活跃。徐老师还善于用赏识性的语言来评价学生、鼓励学生，如："非常高兴同学们听到老师拍手的声音都停下来了"，"感谢大家这么安静地听这段音乐"，当学生的回答或表现很棒时，老师说："非常好，跟科学家的一模一样"，"你真有才"……

不仅如此，徐老师在一些关键之处的引导语，也非常的精炼、准确。如，课的开始，在让学生观察了桌上的实验材料之后，老师说："你们能用这些材料，发出不同的声音吗？"——廖廖数语，非常巧妙地融入了课题；再如，在学生开始做音调高低的比较实验之前，老师说："希望同学们在相对安静的情况下用灵敏的耳朵去捕捉声音的微妙的变化。"——语言干净利落，没有废话。这就从一个侧面反映出，老师在备课时是下足了功夫的。

2. 学具材料的结构性强，适合学生探究

对于小学科学的探究教学来说，学具材料是否具有严密的结构，将在很大程度上影响探究的效果。徐老师的这节课，从材料的内容、组合及呈现的时间来看，是恰到好处的，体现了严密的结构性。

当让学生探究"音量大小"这一问题时，只给学生提供了单一的材料（钢管或皮筋盒），学生只能通过力度的改变来使其发出不同的声音；当让学生探究"音调高低"这一问题时，则又给学生增加了一种与刚才不同的材料（粗细或长短不同但材质相同的钢管，有的组则是松紧不同的皮筋盒），再规定学生

用相同的力度敲（或弹），这就将控制变量处理得很好，使问题纯化了，便于学生去发现规律。

3. 关注学生的创造性和个性

在课的第一部分，当学生认识了声音有大小之后，老师安排了一次活动："不用材料，你们能自己创造出大小不同的声音吗？"学生的兴趣可高了，想出的方法也是多种多样；再比如，当让各小组汇报自己的发现时，老师引导："……还可怎么说？……还可怎么说？"让学生的不同想法都有表达的机会。这种关注学生的创造性和个性的做法，是值得提倡的。

4. 重视学生的习惯养成

小学科学课的宗旨是培养学生的科学素养，好的学习习惯也应该是科学素养的一部分。本节课，由于材料的特殊性，学生容易出现乱敲一气的现象，如果再加上学生的说话声，就会使要研究的声音淹没在一片噪声之中，使得探究没有实质性的效果。但徐老师对这节课驾驭得很好，这与他重视了对学生学习习惯的培养不无关系。在学生进行第一次实验之前，老师就提出要求："本节课就是研究声音的，只希望听到实验材料发出的声音，研究者要保持安静。"在第二次实验之前，老师又问："实验时该注意什么？"让学生思考，说出注意事项，老师还演示了乱敲的做法，让学生意识到这样做的坏处，再次提醒学生要安静地研究。像这样对学生进行良好习惯的训练，是我们在教学中不能忽视的环节。

这节课还有许多优点，在此不再赘述。

（二）一节最受质疑的课

来自厦门的一位老师执教的"食物的消化"一课，受到了许多人的质疑。全课的大体过程是：

1. 通过谈话引入之后，提出问题：吃的食物哪里去了？食物在体内经过了哪些消化器官？发生了怎样的变化？

2. 让学生对上述问题进行猜想，先点了两个同学说，然后给每人发一张记录单，让学生用文字、图画、符号等将自己的猜想表示出来；再给每个小组发一张记录单，将小组同学的意见集中起来，然后将各组的记录单贴在黑板上。

3. 汇报与交流：选了两个小组的代表，上前汇报本组的意见，老师在黑板上贴出一张空白的人体轮廓图，根据学生的发言画图，并留了一些问号。比如，当学生的意见不一致时，老师说："到底胃是在左边还是在右边？大肠是在小肠之前还是之后，我也不清楚。"——大概老师的意图是想把答案留给学生自己去探究吧。

4. 思考"解暗箱"的方法。老师说，人体好比一个"暗箱"，接着问学生："要弄清这些问题，你们有什么更好的方法？"小组讨论之后，请学生汇报自己想出的方法。老师小结之后，又问："你打算怎么去做？"然后告诉学生回去后按自己的方法去找答案。课上到这儿，就结束了。

听完课后，许多老师直摇头，我也深感失望。虽然说这节课也有一些优点，如关注了学生的前概念，关注了教育的科学方法等，但总体来看，教学效果是不令人满意的。我认为不妥之处主要有以下几点：

1. 内容与方法不协调

尽管小学科学课的教学应以探究为主，但探究绝不是唯一的方法，也不是所有的内容都适合探究的，像"食物的消化"这一课就不适合探究（郝京华教授在评课时也表达了这一观点）。笔者认为花大量的时间让学生去猜想"食物会经过哪些器官""先小肠还是先大肠"是没有意义的；更可怕的是，一旦错误的认识在学生头脑中形成了，隔一段时间再去纠正，将是很困难的。

2. 课堂效率太低

一节课——40分钟过去了，学生有多少收获？这是我们必须考虑的问题。在这节课中，多数情况下学生是在猜想或与同学交流自己的猜想，没有获得关于食物消化的有价值的信息，或者说，学生的认识还停留在原来的水平，没有得到提升和纠正，这是很有问题的。据这位老师介绍说，这一内容要两课时连上，第二课时才来解决问题。我在想，这样的教学效率未免太低了，对于每周只有两节科学课的学生来说，这样耽误时间，不可惜吗？

（三）一位最年轻老师的课

来自四川的一位小姑娘，毕业才两年，也在会上执教了一节课，其勇气和胆量着实可嘉。她上的课题是"空气占据空间吗"。尽管这位老师的个人素质很高，尽管课上为学生提供的材料可谓丰富，场面可谓热闹，但用更高的标准来衡量，还是有些不完善的地方。毕竟年轻老师历练太少，实践经验缺乏，执教中所暴露出来的问题，也值得刚进入小学科学领域的老师们借鉴。

1. 学具材料的结构不严密

前面提到，给学生提供的材料必须要有严密的结构。而这节课，在材料的内容、组合、及出示材料的时机上，老师的考虑欠周密，表现在以下两点。

（1）课前把要用到的所有材料都摆到桌上的做法不可取。

本课准备的材料很多，有水槽、水、塑料袋、蜡烛、火柴、木块、玻璃杯等，课前全都摆在那儿了；而且，第一次实验之后，也没交待学生将材料收起来，导致第二次实验时的材料指向性不明确。试想，这是上公开课，学生可能会收敛一些，以极大的意志力克制着自己不去乱动；要是平时上课，学生可没这么老实了，早都抵不住这些东西的诱惑，自顾自地玩开了，根本不会听老师讲什么，这就容易导致表面上热热闹闹，实际效果却大打折扣。

（2）材料的选择欠合理

如果老师提供的材料引起了学生额外的兴趣，使学生的活动偏离了既定的目的，那么，这样的材料是不合适的。本课中，为了让学生通过实验证明空气占据空间，老师准备的材料有蜡烛、火柴等，学生将蜡烛点燃，放在木块上，再用玻璃杯压入水中，而蜡烛没有马上熄灭，从而证明这是空气占据了空间。这个实验虽然在一定程度上能证明结论，但对于小孩子来说，玩火这件事本身的吸引力远大于其他；而且，桌上还有塑料袋、木块等易燃品，存在着一定的危险性。因此，如果改用其他操作更简单、更安全的材料会更好一些。

2. 课堂应变能力还需提高

课堂教学由于其生成性很强，所以，老师需要有很强的应变能力。这节课的一些细节就暴露出了年轻老师应变能力不强的问题。例如，当课上内容讲完，距下课还有3分钟时，老师没有根据现场情况进行灵活处理，而是按既定的方案执行，对学生说："瓶子里的气球为什么吹不大呢？下课之后，你们自己去研究吧。"然后就提前下课了。试想，如果利用好这点时间，引导学生弄清楚瓶里的气球吹不大的原因，然后再让学生想办法把气球吹大，那将会多有意义！

（四）专家给出的建议

在本次研讨会上，两位资深专家——郝京华教授和路培琦老师对这8节课分别进行了点评。他们的发言很实在，很有针对性，既肯定了老师们的优点，又提出了改进的意见，让老师们享受了一顿"精神大餐"。专家毕竟是专家，他们能从更高的层次来看问题，提出的一些建议对我们今后的教学颇具启发性。

1. 记录表越简单越好

这几节科学探究课，几乎都给学生提供了记录表。有些记录表的设计很新颖、很直观，如"怎样让纸鹦鹉站起来"一课中，记录表就是一个鹦鹉的轮廓图，学生做记录的方法很简单，就是用红蓝两色的圆片在图上贴出"支撑点"和"加重点"的位置即可。但有些课的记录表则显得复杂、烦琐。专家指出，记录表越简单越好，如果学生只需要画个勾、画个圈、粘贴个标志就行了，多省事啊。这一建议，是我们今后在设计教学时应该考虑的。

2. 要注意引导学生提升认识，找出一般规律

在对几节课的点评中，专家们都提到，要引导学生将繁杂的认识提炼一下，得出一般规律，发现共同点。如"不同的声音"一课中，通过学生的探究，已经认识到了管的粗细、长短、皮筋的松紧等因素会导致音调高低的不同。专家建议，可以再提炼一下，即"重的、多的、大的，音调低"，这可为以后学习音调与频率的关系打下基础。

3. 要重视课堂中生成性的问题

路老师多次提到，我们的教学是教孩子而不是教知识，因此应重视孩子在课堂中冒出来的一些奇奇怪怪的想法，不要置之不理。如"纸鹦鹉"一课中，当学生认为纸鹦鹉不能立起来可能是因为"尾巴是弯的"，并提出"如果把尾巴掰直了，也许就能立起来"。这时老师真的给这个学生提供了一把剪刀，让他去尝试。这种做法非常好。

4. 要考虑课的成本问题

专家认为，评价一节课，还要考虑这节课的经济投入、时间花费等因素，以较少的投入，获得较大的效益，才是可取的做法。如"折形状"一课中，老师给每个学生提供了两张纸，让他们折两个同样的形状，以便重复试验。专家认为这种做法不可取，折一个就够了，可以节省一张纸。这一建议，对我们的课堂教学是具有方向引领意义的。大凡去听公开课，总能发现有些课非常的花哨，教具、学具一大堆。试想，平时的工作都那么忙，有那么多时间去准备那些东西吗？用简单而有趣的方式，提高教学的效率，应该是我们着力追求的目标。

……

由此看来，对于小学科学的探究教学，还有许多问题需要我们去好好探究。

图 9 作者在南京参加全国小学科学教学研讨会
（2007 年 4 月）

## 二、课题研究有成果

除了听课学习，参与及主持课题研究也可以促进教师的专业成长，对此我是深有体会的。自2010年至2013年期间，我参与了首都师范大学王陆教授主持的"基于网络的教师实践社区"（简称COP）课题的子课题的研究。这是一段吸引我主动参与、让我在专业成长的道路上收获良多的学习和研究之旅。这期间我曾两次获评"COP明星教师"，两次担任COP全国年会现场课的评课嘉宾，尤其是在2013年的全国COP年会上，我运用ID-CLASS云平台执教的现场课"食物链"受到了与会专家和听课老师的好评，后来这一课例还由人民教育电子出版社出版了。下面这篇写于2014年并已收录在一本出版物中的文章，记录了我在这一时段的成长历程。

附：

### COP，为我打开一扇新的窗

（写于 2014 年 2 月）

从教二十多年，参加过多种形式的继续教育培训，真正让我想学、愿学、且学有所获的，是"COP"。这种集"面授培训""网上研讨""实践研究"等形式于一体的学习方式，为我的专业发展打开了一扇新的窗。回首自己的COP之旅，的确有许多值得叙述的故事——

一、一次"偶遇"，心向往之

我是COP项目的"插班生"，只因一个偶然的机会，才与COP"结缘"。

2010年9月下旬，我们学校接到了一项重要的任务：国务院参事室的领导要来我校调研COP项目。那时刚调入本校不久的我，尚不是COP课题组的成员。大概是工作需要吧，我被安排了两项任务：一是录制一节科学探究课，上传到COP平台；二是在领导来访时进行现场DST的展示。要面对来自国务院及省市级的领导和来宾进行DST展示，这对首次接触此类活动的我来说，是个不小的考验！靠着大家的帮助和加班加点的准备，我总算顺利完成了这项任务，得到了王陆教授和各级领导的肯定。

正是因为参与了这次活动，我才有机会了解了COP项目，"教师实践性知识""初级资源""再生资源""高级资源"，这些新鲜而陌生的词汇让我产生了很强的好奇心；尤其是，在这次展示活动中，王陆教授对上传到COP平台的几位老师的课（包括我的一节）进行了"西医式"的诊断和"中医式"的分析，当一串串的数字和代码从王教授口中迸出时，我感到无比的惊讶和震撼（当然还有由衷的佩服）！自己从教多年，参加过无数次的评课活动，也听过很多专家的评课，但，像王教授这样"用数据说话"，我还是第一次听闻。这一次的经历，让我产生了一种很强的危机感：平时还以为自己是个不错的老师呢，现在看来，自己是多么的孤陋寡闻，再不学习，真的要落伍了！于是，一个想法涌上心头：我也要加入COP，我要跟着王陆教授学习！

后来，经过一番努力，我这个"编外成员"终于被吸纳，成为宝中附小COP课题组的第16名成员，拥有了登陆COP平台的账号和密码，具备了参与COP活动的资格。

二、参与活动，提升自我

作为COP课题组的一名成员，我参与了COP项目团队为课题实验学校的老师安排的一系列活动，而这些活动，对我的教育教学水平的提升，起到了很大的促进作用。概括起来，让我印象深刻的活动主要有：

（一）上课——促进实践性知识增长的良好机会

在课题研究期间，王陆教授和她的助学者团队每月都会来深圳一次，对我们进行面授培训，而培训活动的第一个环节是听COP课题组的老师上课。因此，我们学校的每位COP成员都上过1~3次的研讨课，我也不例外。

在2011年4月8日的面授培训中，我承担了上课任务，执教了四年级科学"不一样的电路连接"。在备课阶段，考虑到即将面对的是王教授这样的专家和她的助学者以及本校的一些优秀教师，我难免有不小的压力，所以，学习便成了我的首要任务。除了研读有关"合作学习"的理论、钻研教材教法之外，我还有一项重要的任务，就是要学会使用电子白板。为此，我首先阅读了王陆教授编的《交互式电子白板与教学创新：从入门到精通》一书；然后，花了两个晚上的时间去学校的COP专用教室熟悉"巨龙"白板的操作要领；还抽空向其他老师请教白板课件的制作技巧。终于，我对电子白板从陌生和排斥变得熟悉和喜爱，基本掌握了它的一些常用功能，如资源库、拖曳、组合、克隆、标注、幕布、探照灯、刮奖刷、计时器等。我在上课时比较恰当地使用了白板的一些交互功能，另外，学生的小组合作学习也开展得较好，得到了王教授的肯定。

我觉得，这一次执教研讨课的过程，也是促使自己学习、思考、提升的过程，尤其是上课之后听专家、同行及助学者的点评，对增长自己的实践性知识很有帮助。

（二）听课——从同行那里学到许多宝贵经验

在历次的COP活动中，我作为听课者，先后听了20多节研讨课。我觉得每节课都有亮点，无论是从电子白板的使用技术，还是课堂教学的方式方法，都有许多值得我学习和借鉴的地方。比如，李翠敏老师的语文课上所用到的"走动分组法"及"音乐控制噪音法"，就很有新意；曾东槐老师在上数学课"百分数的认识"时，评价激励手段的运用很有新意，还恰到好处地使用了电子白板的几项新功能，如"控制模式""照相机"等等。

（三）课后反思会——定性与定量的评价很有说服力

每次听完课之后，由助学者所主持的课后反思会，是我最期待、最不愿错过的环节。在这个环节中，不仅有上课老师的反思、同侪互助评课，更有助学者的评价和教授的点评。与我以前参加的评课活动不同的是，王陆教授和她的助学者在评课的时候，不仅有定性的评价（如，白板功能的使用情况、教学策略与教学方法的分析等），更有定量的评价。比如，在评价某节课小组合作学习的质量时，助学者是从四个方面（小组成员的参与性、小组责任的分配、交互的质量、小组成员的角色扮演）、分四个等级（优良中差）、采取抽样观察统计的方法得出相关数据，用数据作为评价的依据。我认为这样的评价很新颖、很有针对性和说服力。此外，王陆教授对课的点评，既有理论深度，又有切合实际的点拨，听来总是很受益。记得王陆教授在针对曾东槐老师所上的数学课

"百分数的认识"和任冬丽老师所上的美术课"我们的爱吃的水果"进行点评时曾说，当冲突产生后，不应该是老师告诉学生答案，而应该让对该知识点理解正确的学生去说服未掌握该知识点的同学；当发现学生对符号（"%"）的书写存在错误时，应该及时让学生去更正；开展组间交流活动（相互参观展板）之后，应让学生在展板上留言，这可以使学生知识建构的深度达到"意义协商"级；对于低年段的学生，合作学习的任务要具体清晰、开放度要小……这些中肯的建议，对于我们各学科老师的教学都有指导意义。

（四）听教授讲课——让理论水平得到提升

每次的面授培训，都有一天的时间是听王教授（或团队的其他老师）讲课，这是我们接受新知识、提升理论水平的良好机会。"合作学习的教与学原理""合作学习的教学设计专题""课堂观察方法与技术""了解课堂反思的方法与技术""课堂关键事件叙事""培育学术品质 凝练研究成果"……这些讲座的主题能紧密联系中小学老师课堂教学的实际，听起来觉得易懂、有用；而且，王教授在讲课时总是充满激情、富有感染力，所安排的教学活动也是丰富多样，因而总能吸引我们这些"成年学生"积极地参与其中。虽然培训的时间只能安排在周末，占用了休息时间，但我和课题组的其他老师一样，非常珍惜这难得的学习机会，每次培训时都是认真听课、做笔记、积极地参与小组的讨论活动，并多次作为小组的代表进行汇报与展示。

（五）网上研讨——持续"充电"

COP 课题组成员都有自己的账号和密码，可以登陆 COP 网络平台进行学习、研讨和总结，这就使得教师的专业学习不受时间和空间的限制，利用平台上的资源，可以持续"充电"。

在 COP 平台（旧）的众多栏目当中，我浏览较多的是"训练场""知识坊""观摩室""思想树"等，其中，"知识坊"栏目下的"图书馆""COP 在线课程""白板在线课程""COP 在线杂志"等内容，给我这个"后进生"补上了不少课程。后来，助学者引荐我参加了平台上的"高质高效合作学习远程互助合作圈"的讨论，就"合作学习的具体经验""借班上课能否开展小组合作学习""合作学习中的教与学问题"等话题，以及我所执教的"不一样的电路连接"一课，与大家进行了充分的研讨。我觉得这种利用网络平台的讨论交流，也是一种很好的促进自己专业成长的途径。每当我的帖子发表之后，总能得到王陆教授、助学者或是平台上其他成员的回应，仅在 2011 年的 4 月—5 月间，王陆教授就曾 7 次给我答疑，助学者有 5 人 15 次给我回帖，并帮我找到一些我需要的学习资料，比如，有关"四何问题"的文献、北京邢老师的成长案例等等。

（六）参加 COP 年会——经受锻炼、收获喜悦

一年一度的 COP 年会，总能给我们留下一些美好而难忘的回忆，无论是论坛上的学术交流、联欢会上的节目表演，还是闭幕式上的颁奖活动，都带给我许多的收获和喜悦。这其中，让我印象最深的，当属担任现场课评课嘉宾的经历。在 2011 年于成都举行的年会上，组委会安排我去听一节初中的科学课并进行现场评课，这对我这个小学老师来说是个不小的考验。接受任务后，我认真阅读了会议资料中这节课的教学设计，了解这节课的主要内容；听课时全神贯注，既关注老师的教，更关注学生的学；评课时，我将平时学到的一些专业理论融入其中，从课的任务结构、动力结构、冲突的引起及冲突的消解等方面谈了自己的见解。很荣幸，我的评课发言受到了王陆教授及在场听课老师的赞许，这对我也是一个很大的鼓舞。

三、课题结题，研究继续

2012 年 9 月，我们学校作为首批加入 COP 项目的实验校之一，所承担的子课题已顺利结题。进入"后 COP"时期，没有了每月一次的面授培训，我们的学习和研究还要继续吗？答案是肯定的，一年多来，我们与 COP 的联系依然紧密：

（一）运用课堂观察方法与技术，帮助青年教师诊断和改进课堂教学行为

在学校领导的提议和教学处的统一安排下，我和另外 15 名 COP 成员一起，组成了本校的"课堂观察专家团队"，深入到青年教师的课堂去听课，并运用 COP 中的相关量表，从不同的维度对课堂教学情况进行观察和统计；然后召开课后反思会，对所观察到的数据进行分析和解读，并提出具体的改进意见。

我们所做的课堂观察通常包括："教师有效性提问分析""教师回应学生的方式与态度分析""四'何'问题分析""S-T 分析"等。在与青年教师交流时，我们不仅要解读每一个数据所代表的意义，更多的是结合自己的教学实践经验，给他们提出改进教学行为的具体做法。

例如：我曾对一位青年教师的课做过"教师有效性提问分析"，在"教师挑选回答问题的方式"这一项的统计结果是："让学生齐答或自由答"占 52.3%，"叫举手者答"占 47.7%，而其他回答方式几乎没有出现。针对这样的结果，我给这位老师提出了以下建议：1.减少课堂上的"齐答或自由答"的次数，

适当增加"叫未举手者答"或"提问前先点名"的方式。这可以作为一项课堂调控的小技巧来用：当你发现哪个学生注意力不集中、或者有学生胆小不敢举手时你就可以采用这样的方式，往往能收到好的效果。2. 课堂上要鼓励学生提出问题，这不仅可以培养学生养成思考的习惯，而且也利于发挥学生的主体作用……

这些青年教师在听了我们"课堂观察专家团队"的评课之后，都表示很有收获；而我们这些昔日的 COP 成员也体会到了学以致用、帮助他人、提升自我的快乐。

（二）运用 ID-CLASS 云平台，探索合作学习的新方式

2013 年 7 月，在第四届 COP 全国年会召开的前夕，我领受了一项新的任务：运用 ID-CLASS 云平台，在年会上执教一节面向全体与会人员的展示课。由于上课所用的设备涉及学生终端、小组终端、教师终端，还有云服务平台，这对于像我这样的信息技术水平很差的"老"教师来说，是个很大的挑战。感谢王陆教授，感谢本校的李桃辉副校长及其他领导和同事们，他们一直在鼓励我、支持我，帮助我克服了一个又一个的困难，最终比较圆满地完成了这项任务。

通过这次上课，我深深感受到了由先进理念指导的技术创新对课堂教学的促进作用，感受到了 ID-CLASS 云平台对于小组合作学习的质与效的提升作用。如今，我们学校已建起了一个 ID-CLASS 云课堂多功能专用教室，李校长计划带领我们利用这一新的合作学习环境来开展课堂教学的研究工作，我想，这对于我们的专业发展来说又是一个新的机会，我将积极地投身其中。

回首这三年半的成长历程，我很庆幸自己加入了 COP 项目，结识了王陆教授和她的 COP 团队，从他们那里，我不仅学到了很多显性的知识（如，先进的教育理论、一些实用的方法和技术等），还受到了很多隐性的影响（王教授博学谦逊的人格魅力和不怕困难、积极进取的意志品质是我学习的榜样）。我希望在今后的教育实践中，自己能不断地学习、实践、反思、总结，争取在专业发展的道路上，书写新的篇章。

诚如上文所述，有了这一次的经历之后，对于课题研究，我的兴趣也浓厚了许多，后来自己申请主持了一项区级课题和一项市级课题，都已结题。几年的研究过程下来，虽然经历了许多困难，但自己的收获却是很大的。

图 10 作者与 COP 项目负责人、首都师范大学王陆教授合影
（2015 年 5 月）

# 第四章　赛课磨课 不断成长

听一些名师讲他们的成长经历时，都会提到"公开课""竞赛课"，我自己的切身体会也是如此，磨课赛课的过程，如同化学反应中的"催化剂"，可以加速一个老师的成长。来深从教的二十多年中，我执教的各级各类公开课、竞赛课不下 50 节次。所用的教材从之前的《自然》到现在的《科学》，教学对象从一年级到六年级。其实当老师的人都知道，上公开课、参赛课是一件非常折磨人的事情，有些老师常常会逃避这样的任务。不过我觉得，年轻老师应该要"自讨苦吃"，要主动接受这样的"折磨"，因为每上一次这样的课，就是一次蜕变，一次"脱胎换骨"的成长，虽然苦点累点，但收获是很大的。

## 一、第一次市级现场赛课

我第一次参加深圳市的课堂教学现场大赛是在 1999 年 5 月，也就是踏上深圳的小学讲台刚满三年之时。这次比赛是由深圳市教研室组织的，每个区只有一名选手参加。我接到这项任务之后，便开始了认真的备课工作，晚上和周末都在加班。

我选的课题是三年级自然教材中的"水的浮力"，主要内容是认识水中的物体(不管是浮的还是沉的)都会受到水的浮力作用。通过跟学生交谈以及试课，我了解到三年级的孩子对这一问题的前概念是：浮在水中的物体如木块、泡沫、塑料等受到了水的浮力作用；而像石头这样的在水中下沉的物体没有受到水的浮力作用，不然它就不会沉下去。基于此，我确定了本课要突破的重难点问题是如何让学生体验并理解"水中下沉的物体也会受到水的浮力作用"。

经过反复的思考，我对教学设计和实验材料进行了多次的改进，并请美术老师和电脑老师帮忙制作了简单的课件，最后确定了如下的教学过程：

**（一）创设情境，导入新课**

小故事：徐文长过桥

屏幕出示故事画面，配以老师讲解："古时候，有个聪明的孩子名叫徐文长，他的伯父很喜欢他，时常想些法子逗他玩，考他的思维能力。有一次，伯父领着徐文长来到一座贴着水面、桥身既窄又软的竹桥边，把两只水桶装满了水，对徐文长说：'我想考考你，你若能提着这两桶水过桥，我就送你一件礼物。'少年徐文长想出了一个好办法，轻松地完成了任务，领到了礼物。同学们，你们猜猜，徐文长想出的办法是怎样的呢？"

我的话音刚落，许多同学举手，说出了他们的想法……

我通过画面揭示了答案：徐文长用两根绳子把木桶系住，然后再把装满了水的木桶放到水里，就这样他提着两根绳子走过了竹桥……

**设计意图：**针对三年级孩子的心理特点，以有趣的故事开头，能够很快吸引孩子们的注意，进入到思考的状态中。

**（二）模拟体验，感知浮力**

在这一环节，我给每组学生提供了一个装了较多水的水桶（桶中的水对实验来说有足够的浮力），还有一个装了500毫升水的带塞的玻璃瓶，让他们先提起瓶子，然后再放入水桶的水中提着，模拟徐文长在水中提水桶的情境，这时孩子们都发现了：在水中提着瓶子时，感觉瓶子变轻了，因为水有浮力。

（补拍照片：水桶、玻璃瓶，学生提着）

我趁机在黑板上写下孩子们的发现：

水中的物体变轻了　　水的浮力

**（三）提出问题，探寻答案**

我出示一个铁制钩码，提出问题：像这样一个铁制的钩码放到水中会下沉，请问它是否会受到水的浮力呢？你用什么方法知道答案？

一些学生想到了用刚才的方法——比较同一个物体在空气中和水中的轻重。

我请学生按自己的想法去试一试，看钩码放到水中后是否变轻了。

试的结果，有的学生觉得"变轻了"，有的学生觉得"好像没变轻""感觉不明显"。

此时我把问题抛给学生：看来靠手的感觉还不能确定这个问题的答案，有没更科学的办法呢？

有同学提出：可以找一个弹簧秤来称一下。

我肯定了这个同学的想法，拿出事先准备好的弹簧秤，简单介绍了一下用法及注意事项，然后，各小组领取了实验材料，开始操作了。

通过各组的数据汇总，同学们发现了：钩码在水中称，的确变"轻"了，可见，它也是受到了水的浮力作用的。

我再次抛出问题，让学生小组内交流想法：钩码在水中既然也受到了水的浮力，可它为什么会下沉呢？

经过讨论，孩子们明白了：钩码在水中之所以会下沉，是因为它受到的浮力不够大……

**设计意图：**故事中所讲到的方法是否真的可行？孩子们是很想试一下的，提供模拟实验的材料让学生体验，让他们建立直观感知，很有必要。这里给学生使用的实验材料也是我反复试验过才定下的，将体积和重量都较大的装水玻璃瓶放在装水较多（有足够浮力）的水桶中，才能让孩子们明显感知"变轻"了。这一个模拟体验活动具有承上启下的作用，为后面的研究方法的使用提供了支持。

**（四）联系生活，拓展应用**

请学生想一想、说一说：生活中经历过哪些"物体在水中会变轻"的例子，并用今天所学的知识解释一下"变轻"的原因。

**设计意图：**迁移、巩固，是很有必要的。

用现在的眼光审视当时上的这节课，虽然有不少瑕疵，但在设计理念上并没有太落后，所以，当时评委打出的分数很高，最终我获得了这次比赛的一等奖。据说这是宝安建区以来自然学科在市级比赛中首次获得一等奖，我觉得挺自豪的。这一次参赛，还让我在区级和市级的小学自然教学领域小有名气，同时也结识了一些同行和朋友，眼界得以开阔，信息渠道得以拓展。

## 二、第一次市级研讨课

时间跨过 2002 年，课程改革开始，"小学自然课"更名为"科学课"。改变的不仅是课程名称，还有课程内容和要求，其中最突出的要求是，将"科学探究"摆在首位。为此，我认真学习"课程标准"，努力跟上时代的步伐。

2006 年 4 月，区教研员交给我一个任务，要在即将举行的深圳市小学科学教研活动中执教一节公开课，我二话没说就答应了。根据当时的教学进度，我选的课题是四年级"溶解"单元中的"一杯水里能溶解多少食盐"一课。原以为这是一节好上的课，但在备课时却发现，如果像教材中所写的那样，烧杯中装 100 毫升水，加入食盐使其溶解，即使 2 克 2 克地加，大概要加 18~19 次才能达到饱和（因为常温下氯化钠的溶解度为 36 克）！这在课堂有限的时间内学生很难完成，且太多次的重复操作会让学生觉得枯燥乏味。那么，到底用多少毫升的水才合适？什么牌子的食盐杂质少、定量结果准确？学生实验用的食盐如何分装？小组合作时成员如何分工？……一系列的问题摆在我面前，需要找到解决的办法。因此，那年的"五一"长假，当别人在休息或外出游玩时，我则是在为备课而忙碌，每天不是在实验室做准备，就是到市场上去找合适的实验材料，弄到材料后一次次地试做，一次次地改进。功夫不负有心人，这次公开课效果很不错，受到了市、区教研员和听课老师的普遍好评。

图 11 作者执教市级公开课（2006 年 5 月）

同年 6 月，深圳市举行小学科学优秀录像课评比，我送交了这一课录像资

图 12 作者在深圳市小学科学说课比赛现场
（2006 年 10 月）

料去参赛，荣获了一等奖；同年 10 月（也就是我在参加完招调考试的面试后不久），我又参加了深圳市教研室组织的现场说课比赛，也获得了一等奖。当我从讲台上走下来的时候，宝安区的几个年轻老师主动过来与我交流，要拜我为师，我之前并不认识他们，而且他们之中有的是语文老师或数学老师，平时不教科学课，只是听说这里在举行小学科学说课比赛，专程前来取"经"的。他们对我说："潘老师，难怪你面试能拿第一，果然是实力不凡，向你学习！"

## 三、在全国年会上执教观摩课

随着信息技术的发展，学科教学与技术手段的整合是必然趋势，这是我 2010 年调入一所区直属公办学校并加入了由首都师范大学教育技术系王陆教授负责的"基于网络的教师实践社区 COP 课题"组之后深切感受到的。我积极利用一切机会，提升自己的教育技术水平，努力将电子白板强大的交互功能融入课堂教学之中，执教的公开课"不一样的电路连接"上传到 COP 平台之后，获得很高的点击率，两次获评"COP 明星教师"。

2013 年 7 月，我接到了王陆教授交给的一项任务：要在由中央电教馆等单位主办的 COP 全国年会上，利用新近研发上市的 ID-CLASS 全套技术设备执教一节面向全体与会者的展示课。虽然我不惧怕上公开课，但这次上课与以往单纯的科学课不同，要利用新研发的"云课堂"软硬件设备来上课，学生人手一台 PAD，每个小组还有一台大的 PAD，利用云平台的技术支持，可以实现个人与小组、小组与小组、学生与教师之间即时的信息交互。这种在当时来说很先进和高端的设备，我之前还从没接触过，这无疑是个巨大的挑战。但一贯好奇心强、且乐于接受新生事物的我，勇敢地接受了这一挑战。接下来的整个暑假，我几乎没有休息，全身心地投入到新技术的学习和课的准备当中。在各方人士的大力协助下，我圆满地完成了这次任务，所上的"食物链"一课，较好地利用了各种电子设备及云平台的资源存储和反馈交互功能，将学生的个体学习、小组学习、全班学习等方式有机地融合在一起，体现了教育技术手段对学生学习的促进作用，因而受到了中央电教馆王副馆长及到会的全体中小学老师的好评。后来，人民教育出版社专程派人来校，拍摄了我所上的这一课，收录在

图 13 作者在第四届 COP 全国年会执教展示课
（2013 年 7 月）

《中小学电子交互教学设备教学实用手册》一书的配套光碟中，出版发行了。

执教这一次公开课，我的收获可以说是很大的，不仅是教育理念得到更新、信息技术水平得到升华，而且，我还得到了一张中央电教馆给我颁发的执教公开课的证书，这一张很有份量的证书，也许对我日后评上深圳市名师及广东省特级教师起到了不小的帮助，但当初接受这一非常具有挑战性的任务时，全凭一种好奇心和上进心的趋使，真不知道会有这些后续效应。

图 14 中央电教馆颁发的公开课证书

# 四、参加省级教学比赛

2014 年元月的一天，刚刚放寒假，我接到了一个通知，广东省教育厅将要举行中小学实验教师的实验操作与创新能力比赛。对于小学来说，这项赛事主要就是科学学科的老师参加，而中学则是由物理、化学、生物等学科的老师参加。得到这一信息，我还是有点心动的，因为在此之前，我已经参加了多次的深圳市教育科学研究院组织的小学科学老师的课堂教学大赛或是说课比赛或教学论文评比，拿了很多次的一等奖；但由广东省教育厅组织的这项比赛，以前从未听说过，内心很好奇，很想去凑凑热闹，看看是怎么一回事。但要想获得到省里参赛的资格，得要通过区级和市级的层层选拔。所以，当接到这个比赛的通知之后，我就开始进行准备了。寒假过后，开学的第一周，区里选拔赛就开始了，由于早有准备，我顺利通过了区级的选拔，获得了参加市赛的资格。

2014 年的 3 月底，深圳市的小学科学教师实验操作与创新技能大赛在深圳实验学校小学部举行。记得那天参赛，我是一个人打车去的，一手拎着电脑，一手拎着自己的那个创新教具，就去到了现场。当时有很多熟识的朋友问我："你是来比赛的还是来做评委的？"可能在他们的眼中，像我资格这么老的教师，还来参赛，似乎有点不可思议。当我说我是来参赛的时候，他们都表示很惊讶，也很敬佩我的进取精神。

深圳市的选拔赛严格按省赛的程序进行，选手通过抽签确定比赛顺序；比赛的内容分两项，一是常规实验操作，选手上场时先抽签，决定实验操作的内容，然后立即进行现场演示，由评委打分；这一项比完之后，接着进行第二项，由选手介绍自己的创新教具。两项比赛的得分之和即为选手的总成绩。两项比下来，我的得分较高，获得一等奖，并取得了到省里参加此项比赛的资格，达到了我的预期目标。最初我想的是只要能去省里参赛就可以了，因为我想去看一下这个比赛到底是怎么回事，满足一下好奇心。不过，当参加省赛的选手确定之后，深圳市的教研员童海云老师对我们四位参赛选手又进行了集中培训和个别指导，就比如我的创新教具，童老师提出了许多改进的意见，要求很高。那一段时间，我总是处于冥思苦想当中，想了很多很多的办法才做出了比较理想的创新教具。

图 15 作者在深圳市实验教学说课比赛现场
（2015 年 9 月）

广东省的比赛在第二师范学院进行，我们于比赛的头一天下午到达比赛场地，办好了相关的一些手续之后，到晚上的时候也没有休息，市教研员召集我们几位选手进行赛前实战演练，每个选手都把自己明天比赛的说课讲稿预演一遍，再由教研员和其他教师提出修改意见……预备会开到晚上 10 点多才结束，回到住处后还得要修改课件。我住的是 3 人间，等我回去时，另两位外地的室友已睡了，我只好摸黑打开手提电脑，坐在自己的床上改课件……

第二天一大早就起床，按规定的时间到达比赛场地。首先进行的是常规实验操作的比赛，记得我们那一个考场的选手抽到的内容都相同，是制作洋葱表皮细胞的临时装片标本，并使用显微镜观察，写出实验报告。原本这一个实验是我非常熟悉的，可是，一上考场，毕竟有些紧张，而且，在进行实验操作时我发现，提供给我们的显微镜是大学实验室用的，跟平常我们指导小学生用的那种简易显微镜有很大区别，同考场的一位女老师急得快哭了，对监考老师说不会用这种显微镜，要求更换。当时的我也是摸索了半天才熟悉它的构造，但第一次操作时也没调出细胞结构，内心有些着急，我暗暗告诉自己：不要慌，要有信心，一定能行的……还好，在规定的时间到来之前，我总算调好了显微镜的焦距，视野中出现了清晰的洋葱表皮细胞，在请监考老师看过之后，赶紧写好实验报告，终于顺利完成了第一项比赛。

午餐是盒饭，吃过之后，没有时间休息，又赶到第二项比赛的教室，摆好自己的创新教具，再次演练讲稿，等候评委的到来。轮到我上讲台了，我以非常流利的语言，加上课件的辅助，向评委们介绍了我的创新教具，得到了他们的认可。

最终，我在这一次的省级比赛中获得了"一等奖"和"创新奖"两个奖项。这两张证书上都盖有"广东省教育厅"的红章，含"金"量很高，也许对我日后评上市级"名师"及广东省特级教师起到了不少的帮助，但这是我当初决定参赛时未曾预想过的。

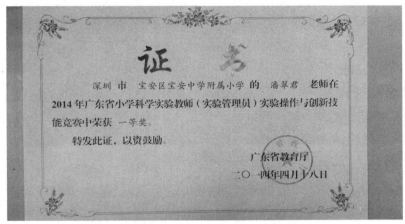

图 16　广东省教育厅颁发的一等奖证书

再后来，我将自己研制的这一个参赛教具申请了专利，并于 2016 年底带着这一个创新教具参加了全国实验教学说课比赛，也获得了一等奖。这些经历，始于好奇心和兴趣，但其中的过程却是充满了艰辛和挫折，经常会有"想放弃""想当逃兵"的念头产生，只是靠着一种毅力在咬牙坚持着，诚如古人所说，"行百里者半九十"，的确，将一件有难度的事坚持做完，并且是以较高的质量完成，这过程中的收获并不仅仅是一份证书而已，而是各种能力的全面提升。

图 17 奋发向上

# 第五章　勤于思考 乐于动笔

在教师的职业生涯中，"写文章""发论文"是常常被谈及的话题。且不说参加市区级的"名师评选"时有一项必备条件是发表论文，单单是与每个老师的"钱袋子"密切相关的"职称评聘"也要看其论文方面的成果。在我的周围，有不少老师一说到"搞研究、写论文"就很头疼，认为每天的工作那么忙，哪还有时间来做这些？据我所知，有一些平时工作干得不错的老师，就是因为没有论文方面的成果而未能晋升"名师"行列。

很庆幸，我没有受到这方面的困扰。

在我的成长过程中，"勤动笔头收获大"，是我的切身体会之一。虽然工作也很忙，总觉得时间不够用，但诚如鲁迅先生所说："时间就像海绵里的水，只要去挤，总会有的。"确实，当你认为一件事是必须做的、而且你对这件事情也很感兴趣时，你总会想办法抽出时间去做的。

挤出时间静下心来码字，是需要"火候"、需要动力的。我发现，在经历了前面所述的"潜心学习"和"磨课研课"之后，内心就会萌生出"动笔写写"的冲动，而且，这三者之间又是互相关联、互相促进的：当你学习的东西多了，便会触发一些思考，发现教学中需要解决的问题；有了问题，你便会在实践中去研究、去寻找解决问题的办法；有了实践研究的成果，你便会产生"动笔写写"的欲望，想把你的发现、你的收获写出来与别人分享；写的东西多了，你的文字功底和谋篇布局的水平必然提高，你写的文章就有可能发表或获奖；而一旦有文章发表或获奖，你会觉得很有成就感，这又会激励你以更大的热情投入到新一轮的"学习——研究——写作"中。这就像一种螺旋式循环，必能促使你的教学水平和教研能力不断提升。

我就是在这种螺旋式的循环中不断积累成果并成长进步的，也正是靠着平时的这些积累，当我有机会参加区级、市级、省级的名师（特级教师）评选时，"论文发表或获奖"这一硬性条件没有成为我前进路上的"拦路虎"，让我每次都顺利过关。

# 一、第一次在专业刊物发表文章

我第一次在自然学科的专业刊物上发表文章是在 1998 年 6 月，离我初登小学讲台只有两年时间。那时的我完全以一种"空杯"心态潜心学习和钻研，把自费订购的《小学自然教学》杂志当成良师益友，对上面的每一篇文章都认真研读、反复琢磨。慢慢地，我觉得杂志上的文章并没有多么高深，自己在教学中也有一些成功的独特的经验想与别人分享，"尝试着去写写，说不定也能发表呢！"有了这个想法，我便开始行动了。在一个周末，我把自己所能找到的各期《小学自然教学》杂志全部浏览了一遍，看看自己想写的内容是否已有相关的文章发表过。之后，我确定了课题，那就是不久前在学校的教学开放日活动中上过的二年级"空气"一课；本想写全课的教学实录的，但仔细想想，觉得自己这一课的教学设计中最有特色和创新点的部分是导入环节，于是就定下了文章的题目——"谈'空气'一课的导入"。写完之后，经过多次审读、修改，然后打印出来，装入信封，按投稿地址寄给了编辑部。在等待了两三个月之后，收到了编辑部的回信，告知我的文章将会被采用，当时别提有多高兴了！

附：

## 谈"空气"一课的导入

"空气"一课，教材编排在"水"单元之后。与前面认识过的固体、液体不同，空气由于其看不见、摸不着，往往不会引起学生的注意。怎样激发学生对空气的研究兴趣，是教师在新课导入时需考虑的问题；再者，本课与"水"这一单元有着密切的联系，之前已学到的有关知识，如对物体形态的感知，认识物体时所用的"一看二闻三尝"的方法，在本课中都要用到。因此，在新课导入时，若能将这些知识孕伏其中，并巧妙迁移，则将有利于随后的教学活动的进行。笔者按此思路设计"空气"这课的导入环节，效果较好，实录如下：

教具准备：

四个玻璃杯，外包黑色不透明的纸，加盖，编号。内装物品：1 号——木块；2 号——假糖果；3 号——水；4 号——空着。另备水槽一个，内装水。

导入过程：

师：刚才同学们进来时都在看讲桌上的物品，教师在这四个杯子里装了一些有趣的东西，你们看得见吗？

生：看不见。

师：想知道这里面是什么吗？（生：想！）如果不让你用眼睛看，你能不能想出办法，搞清楚里面是什么？

（许多学生举手，老师点四个学生上讲台，依次用手帕蒙上他们的眼睛，将1~4号杯子依次交给A、B、C、D四名学生）

生A：（通过闻、摸之后）是木块！

师：拿给大家看看。

（生A举起木块，学生看过之后鼓掌）

师：第一个同学这么快就猜对了。我们看看第二个同学怎样做。

生B：（闻、摸之后，惊喜地）是糖果！

师：拿给大家看看。

（生B亮出"糖果"，学生鼓掌）

师：这个同学运气不错。我们把这颗"糖果"奖给他，让他尝尝味道好吗？

生B：（毫不犹豫地尝了一下，做了个怪相）是橡皮泥。（其他学生笑）

师：看来你们刚才都被假相蒙骗了。请你们好好想想，认识一个物体，应该通过哪些步骤才能确定？下面我们看第三个同学怎样做。

生C：（闻、摸、尝之后）是水。

师：能确定吗？

生C：还要看看它的颜色。（师摘下其手帕）是水！

师：拿给大家看看。

生C：怎么拿呀？（想了想，端起杯子，往水槽里倒出一些水。学生看见后鼓掌）

师：这位同学表现不错，值得我们学习。最后我们看第四个杯子里有什么。

生D：（闻、摸之后）没有什么？！

师：他没有摸到什么，我们让他看一看，（摘下其手帕）看杯子里到底有什么。

生D：（仔细看过之后）没有！

师：（去掉杯外的黑纸，高举透明的玻璃杯）请同学们帮忙看看，里面有什么。

生：没有东西。

生：有空气！

师：是不是真有空气呢？光说不行，得想个办法证明一下。谁能上讲台来，利用桌上的水槽和水做一个实验，把这个杯子里的空气"找"出来？

（一学生上台，将杯子按在水里，倾斜，气泡冒出来）

师：看来，这个杯子里并不真是什么都没有，而是有空气存在。今天这节课就请同学们来研究空气，好吗？（板书课题：空气）

教后体会：上述导入过程，以猜物游戏开始，一下子就吸引了学生的注意力，游戏者和观看者都兴致很高。游戏从易到难，真假参杂，既有一定的趣味性，又蕴含相关的知识和哲理。所"猜"的物体从固体、液体到气体，恰当过渡，使学生在浑然不觉中产生顿悟，避免了学生因揣摩老师意图而说出课题的可能性。该过程虽然花时较多（约8分钟），但对后面的教学过程起了较好的铺垫作用，效果良好。

图 18 第一次在杂志上发表教学文章

## 二、第一次在报刊上发表家教文章

1999 年 7 月，我第一次给《深圳特区报》投稿，也被采用了。那时，学校的每个办公室都订有一份《深圳特区报》，每天看报也是我的习惯，当看到报纸上"亲子乐园版"的征稿启事时，我就想起了不久前我和儿子一起经历的、令我这个家长有所触动的一件事情，正好符合征稿的主题，于是在忙完工作之后就坐在电脑前开始敲字了，写完之后，请家里的第一位读者——孩子他爸看了一遍，得到了肯定。抱着"试试看"的心态，我把稿件发送到了指定邮箱。当时我心想：就当作好玩、练练笔头吧，至于发表，真不抱什么希望，毕竟咱不是学文科的。想不到过了几天翻看报纸时，居然看到了一个很熟悉的标题，再往下看作者姓名，赫然写着"潘翠君"三个字！这正是我投稿的那篇文章，居然登出来了！当时我的心一阵狂跳：想不到我写的文章居然能得到编辑的认可！想不到这么有影响力的《深圳特区报》居然能让我当一次作者！这真的是太鼓舞人心了！这一次的经历也越发坚定了我"动笔写写"的信心。

附：

### 停电的收获

（注：此文发表于 1999 年 7 月 10 号《深圳特区报》的"亲子乐园"版）

儿子读小学二年级，平时在校寄宿。一个周末的傍晚，我带着儿子兴冲冲地回家。刚打开家门，就发现家里停电了。

"妈，上次我们不是买回了蜡烛吗？我们把它点起来吧。"儿子的话提醒了我，于是，我们一起点燃蜡烛。但昏暗的烛光令我想做的事做不了，我的心情糟透了，自个儿望着窗外唉声叹气。

转头看儿子，却发现他正坐在那儿一动不动，满脸专注的神情。"你在干什么呢？"我不解地问。

"我在观察蜡烛呢！"儿子的语气中充满了兴奋和好奇。

我不禁感到惊讶：在我看来毫不起眼的蜡烛，却能引起儿子的兴趣。我忍不住问道："你发现了什么呢？"

"它的火苗会动，一跳一跳的；火苗的颜色还不一样呢！最底下是蓝色，中间有一点黄，最上边有一点绿色……"

　　听了儿子的描述，我不觉眼前一亮：儿子在主动地观察一种新鲜事物，我何不抓住这个契机呢？于是我对儿子说："你观察得很仔细！善于观察事物的孩子将来一定会有出息的。你还有什么发现吗？"

　　儿子得到了我的肯定，兴致更高了："我还发现了：上面的蜡烛熔化后会流下来，可是一遇到桌面后就不流了。"儿子望着我问，"妈妈，这是怎么回事呢？"

　　我听后心中窃喜。看来，孩子对于他感兴趣的东西，是有着很强的求知欲的。以前总想塞给儿子某些知识，可他总是心不在焉，自己还常责怪孩子呢！现在想来，该怪自己的教育方式不对。因此这一次，我得改进一下方法。我没有直接回答他的问题，而是从他所熟悉的冰、水、水蒸气谈起，引导他认识了水的三态变化，并告诉他，其他的物体如蜡烛也能发生类似的变化。

　　然后我对他说："现在你能不能自己回答你刚才提出的问题呢？"

　　"噢，我明白了。火一烧，蜡烛受热，变成了液体就会流下来；可一遇到桌面，因桌面是冷的，就又变成了固体，于是就流不动了。"

　　"你说得很对，太棒了！"我夸奖了儿子。看得出，他的心里美滋滋的。

　　我起身拿来一个苹果，打算削了"慰劳"儿子。儿子看了看我，像想起了什么，找来一面镜子，放在蜡烛后面，让镜子的反光对着我，然后问："妈妈，你看现在是不是变亮了些？"

　　"有一点。"我微笑着说，儿子受到鼓舞，又接着去找其他的镜子。

　　我问他："你是怎样想出这种方法的呢？"

　　"你以前不是给我讲过爱迪生小时候的故事吗？他就是用镜子帮忙，把房间变亮，使医生能够给他妈妈做手术的。所以我今天就想试一试呢。"儿子一边说，一边又找来东西把那几面镜子固定好。

　　看着儿子忙碌的身影和变得明亮起来的房间，我感到由衷的欣慰。儿子能够主动地想办法解决问题，这种精神不是难能可贵吗？由此我想到：当家长的，应该多给孩子创造和提供这样的机会，让孩子自己去观察、去思考、去动手试一试，这对于孩子的能力培养和素质的提高，无疑会大有裨益的。

　　感谢这次停电，它使我和儿子得到了一些意外的收获。

图 19　作者在《深圳特区报》上发表
家教文章

# 三、常写读书笔记

读书学习，是我职业生涯中永恒的主题，每每读过一本好书之后，写一写读后感，既能提高读书的效果，也能练练自己的笔头，提升文字表达水平。

附上我在 2009 年写的一篇读书笔记：

## 读《科学探索者》丛书有感

作为科学老师，如何指导学生进行探究学习？这是我一直在思考的问题。有朋友向我推荐了浙江教育出版社翻译出版的《科学探索者》丛书，我便去买了回来。这套书共 15 本，每一本都深深地吸引我，我以为，它最突出的优点，就是能激发读者的探索精神，使他们能主动地学习，而不是被动地接受灌输。

在《环境科学》那册中谈到，人们都知道澳洲产袋鼠、桉树和树袋熊，为什么在欧洲见不到它们？这就要涉及生物地理学和大陆漂移说了。书中提出两个问题：生物的散布是怎样发生的？哪些因素会限制物种的分布？有兴趣的读者就会主动地读下去，去学习和探索这类更有深度的问题。每一册书中还有许多 DIY 的课题，要求读者自己动手去做，显然，这种获取知识的途径要比死记硬背现成结论好得多。

当今科学课的教学，不仅是让学生学到科学知识，更应该注重科学精神的培养，所谓"科学精神"，主要就是不迷信权威、勇于探索，这两点在这套书中十分突出。它告诉读者科学和科学家并不神秘，离你并不远。每一册前面都有一个故事。这些故事，以前都未曾读过。《天文学》开篇讲的是珍妮·露搜寻彗星之家的故事，她出生在越南，12 岁长途跋涉到美国。在访谈中她描述了在五年中一夜又一夜的工作，最终在 1992 年发现柯伊伯带的过程。《声和光》的开篇讲的是达丹对声震的探索，声震是超音速飞行产生的巨大声响。正因为如此，至今美国都不允许超音速飞机进行商业飞行。而达丹博士研究声震的产生以及如何减少声震的强度，使它显得毫不神秘，读者自己就可以去试。《从细菌到植物》的开篇讲的是辛迪·弗莱德曼博士研究沙门瓦菌是如何在美国造成一次传染的。《细胞的遗憾》的开篇讲的是来自墨西哥的女性如何在重重困难下，第一个用基因工程制造出人的胰岛素。《环境科学》的开篇讲的是一位黑人生物学家保护沙漠野生动物的故事。仔细阅读这五位科学家的故事，我发现了一个共同点，他们都属于弱势群体：女性、亚裔、拉美裔、黑人，他们都是靠专心执着的探索和诚实的劳动取得成就的。

《科学探索者》丛书在学科知识的融合方面也做得很好，数、理、化、天、地、生一起上。在《环境科学》这一册中，研究生物种群的地方用到数学，有的很简单，有的牵涉到很前沿的数学问题，例如如何估计一个区域某个生物种群的数量以及各种种群此消彼长之间的关系。而在《细胞的遗传》中，提出了"想生孩子的夫妇可以去找遗传学顾问和医生咨询，估算他们生的孩子患有某种遗传病的概率"。这样的数学问题，它虽不太难，却能从中学到关联生活实际的数学。尤其重要的是科学与社会、人文的交叉。这种广阔的视野，也是我们应该学的。

认真阅读、仔细揣摩，大胆探索，这是我拥有这套丛书之后应该做的。

# 四、及时写下培训体会

外出参加培训学习，无论是听专家的理论讲座，还是观摩一些优秀课例，当时总是会有很多想法、很多感触，必须挤时间及时地进行记录和整理，这可以促使自己进步。

附上三篇我当时写的培训体会：

附录1：

## 杭州之行的感悟与体会

### （写于2007年10月）

2007年10月底，受有关部门的委派，我参加了在浙江杭州举行的"2007年京浙粤教科版小学科学优质课观摩研讨会"。会上共有来自三地的10位小学科学老师展示了各具特色的10节课。此外，几位专家的评课，以及现场听课老师积极参与的短信评课，也让大家颇有收获。

参加了这次研讨会，我的感触很多，概括为以下方面：

一、浙江省小学科学的教学教研的水平超前

尽管在这次研讨会上浙江省4位老师所上的课水平不一，褒贬不一，但总体来说，我感觉浙江省的小学科学的教学教研水平远远超过深圳（以及除广州以外的广东省其他地区），有以下事实为证：

1. 重视程度超前

据了解，浙江省小学科学的学科地位是与语数英并列，被称为第四主科（而在深圳，小学科学课的地位还没达到这个程度）。由于各级教育行政部门、教学研究部门都很重视，所以小学科学老师就有一种职业自豪感，当我与浙江的老师交谈时，我能明显地感觉到他们所流露出的自豪感，这真是令我羡慕。想想自己，当别人问我教什么学科时，我都不好意思说出口，即使说了，有些人也不懂，居然会问："小学还有科学课吗？"……这种反差真的太大了。什么时候，我们广东省也能像浙江那样重视小学科学课，也让我们这些小学科学老师感到自豪呢？（作者补记：这一愿望现在已基本实现，目前深圳市小学科学老师的地位已大大提高）

2. 评课水平超前

这次的研讨会，评课环节安排得比较有特色，分为两种形式：1）在每个半天的展示课之后，进行现场评课。不一定是专家讲，每一个与会者都有发言权，可以提出问题或建议，直接与上课老师交流；2）在每节课听课的过程中，通过短信平台进行即时评课，听课者可将自己的意见和评价通过手机短信发送到互动平台，即时呈现在会场的大屏幕上。从会场气氛来看，老师们参与评课的积极性很高，尤其是在第一种形式的评课活动中，浙江的老师发言最积极，而且发言的水平也很高，既有理论深度又有实践经验，这反映出浙江的普通的小学科学老师都是在认真地对待教学，认真地进行教学研究，已形成了一种很好的研究氛围。这种群体的高水平，是我们深圳（或者广东）难以比肩的。（作者补记：目前深圳市小学科学老师的群体水平已大大提高）

3. 学生素质超前

这次研讨会是在杭州上城区的崇文实验学校举行。在课堂上，学生所表现出的良好的思维水平、语言表达能力、合作的态度、实验操作的有序等等，无不得到听课老师的认可，以至于在互动平台显示的短信中，有多条都是赞扬学生。虽然说在公开课上学生会比平时表现得好一些，但若没有平时的积淀和训练，也是不可能有这么出色的表现的。所以，这也从一个侧面反映出浙江小学科学的教学是抓得扎实、有效的。

二、小学科学课值得研讨的问题还很多

本次研讨会上有一个巧合：来自浙江、广州、深圳的三位李老师都选了同一课题——"比较水的多少"。这三节课，对内容挖掘的侧重点不同，采用的研究材料不同，达成的效果不同，得到的评价也不同。浙江和广州的两位老师安排了两课时来上这一课，浙江的老师着重引导学生认识"体积"，认识量筒；广州的老师着重训练学生的创造性思维，要学生想出不同的方法去比较水的多少，并进行实验操作；而深圳的李老师（也是我的徒弟）则只用一个课时完成了全部的内容，从让学生用各种方法比较水的多少，到经历量筒的再制作的过程，再到用量筒测量出"1号杯比2号杯多多少"，最后简单引入"比较水的多少"在生活中的应用，将学生的研究兴趣拓展到课外。同一个内容，三种上法，这就给大家带来了更多的研讨的话题：到底该如何引导学生进行科学探究？如何关注学生的前概念？如何引导学生建立科学概念？科学探究课要不要讲效率？事实上，从深圳的这节课受到多数听课老师及郁波教授的肯定这一点来看，一些问题的答案是不言而喻的。笔者认为，如果课堂上只注重激发学生的兴趣，只围绕学生提出的问题去展开，而不能很好地发挥教师的主导作用，教学达不到应有的效果，这样的课还是不被看好的。但这些不被看好的课也会出现在全国的展示会上，这肯定不是个别现象，值得专家和一线的教师去研究和思考。

三、关注学生科学概念的形成

本次研讨会确立了一个主题：用科学探究活动帮助儿童建构科学概念。郁波教授认为，用探究活动来帮助儿童建构科学概念，可以整合"三维"目标。因此，她要求小学科学教师要将本次大会的主题贯穿在近几年的教学实践之中。

那么，一线的教师需要研究的问题就是如何通过科学探究来帮助学生建构科学概念，这个过程应该是怎样的？为此，当教师在上一节课之前，必须思考：

1. 这节课的科学概念究竟是什么？

2. 学生的前概念水平如何？他们是怎么想的？他们的观点是什么？

3. 教师应该为学生设计什么样的活动，才能使学生的原有观点与科学概念之间发生冲突，从而引起学生认识上的改变？

另外，在上完课之后，老师应该及时记录、整理学生在课上的表现和反应，以收集证据、积累经验，并进行反思改进，从而使教师在实践研究中成长进步。

以上是我浙江之行的一些粗浅认识。希望浙江的经验能为广东所用，使我们的小学科学的教学真正能够走上正轨。

附录2：

## 做智慧型教师

（写于2015年12月，参加了"华东师范大学·深圳名师高级培训班"之后）

【摘要】参加了华东师大的培训，收获良多，明确了今后努力的方向。在教学实践中，要善于进行教学反思，不断进行教学创新，同时还要积极做好"育人"工作，关注学生的个性发展，努力使自己成为智慧型教师。

【关键词】智慧型教师 教学反思 教学创新 学生个性发展

身处教学一线，在日常工作中总会遇到各种困惑、各种问题，有时百思而不得其解。最近，我有幸参加了由深圳市教育局组织的"华东师范大学·深圳名师高级培训班"的学习，在这所引领教育理论前沿的著名高校，我和来自深圳市多所学校的二十多位名师一起，聆听了胡东芳、李伟胜、文新华、刘竑波、周彬、张俊华、崔丽娟、恽敏霞、宋保平等九位专家教授的十场精彩讲座，参观了上海市的曹杨二中、进才中学、三林中学北校、格致中学、静安区第一中心小学等五所知名学校，感觉受益匪浅、收获良多，曾经的许多困惑迎刃而解，今后的发展方向得以明确，那就是，要努力成为一个智慧型教师，并以自己的"智慧"去带动和影响身边的同行，去实施"好"的教育，去培育"好"的学生。

如何成为一名智慧型教师？吸纳各位专家教授的观点，结合自己的教育教学实践，我认为最重要的是从以下方面着手：

**一、做智慧型教师，就要善于进行教学反思**

波斯纳提出的教师成长公式（成长＝经验＋反思），让许多老师认识到了教学反思对自己的专业成长有着举足轻重的作用，愿意开展教学反思，但对于"反思什么""如何反思"等问题，并不十分清楚。许多时候，我们所进行的反思只是"就事论事"，停留在操作层面上，没有针对前因后果进行深入的分析，因而效果并不理想。在这次的研修培训中，胡东芳副教授为我们做了题为"教师反思与课堂教学品位的提升"的讲座，让我对"教学反思"这一问题有了深刻的理解。我认识到，一个有智慧的教师，不仅要乐于反思，还要善于反思。

**（一）注重进行教学理念的反思**

任何外显的教学行为必定受其内隐的理念所支配，错误的理念和价值观必定导致错误的方法。因此，在进行教学反思时不能忽视"前提反思"，要敢于对原有的教学理念进行质疑，挖掘出隐藏在教学行为背后的理念方面的种种问题；要用先进的教学理念指导自己的教学活动，要认真分析自己的教学行为是否贯穿了新的教学理念。

例如，当我们在教学中遇到一些问题时，应该反思：我们的教学思维观，是否从"教"的思维转为"学"的思维？我们的教育教学观是否已转变为"以学生发展为中心"？我们的学生观是否从"传统型"转为"现代型"？……只有理念正确了，教师的专业发展之路才能找准前进的方向。

**（二）注重拓宽教学反思的途径**

进行教学反思，必须采用恰当的方法和途径。通过学习，我认为以下几种方法是行之有效的：

**1.写教学后记**

这是教师反思时普遍采用的方法，当一节课上完之后，及时写下自己在教学过程中的经验与教训、灵感与顿悟；及时记录学生的反馈意见和独特见解；对于教学中遇到的问题，通过查找资料，借鉴他人的经验，寻求解决的办法，提出改进的设想……如果能坚持写好每一课的教学后记，对提升教学水平一定大有帮助。

2. 观看上课录像

在条件允许的情况下，借助于录像设备，把上课的过程摄录下来，供教师自己观看，请同事共看或请专家帮看，这是一个很有效的方法。

回想自己的成长过程，"看录像反思"这一方法的确让自己受益良多。记得第一次看自己上课的录像时，简直是"不看不知道，一看吓一跳"——原来自己在课堂上有这么多的毛病啊！后来，随着看录像的次数增多，对自己的批判逐渐减少，课堂教学水平也逐渐提高。

在当今信息化的社会，还可以借助网络手段，请同事或专家看录像，帮忙找出问题，以便我进行反思，这就使得反思、交流的范围更为广泛，不失为一种与时俱进的好方法。

3. 相互观摩教学

由一位教师上课，其他教师听课之后进行点评，每人只讲一条优点，听课者人人都要发言……这样的做法，可以帮助上课教师从多个角度、全方位地提炼成功的经验，有效进行反思。当前各学科所进行的教研活动，大抵都采用了这种观摩教学的方法，但存在的问题是，在听完课之后的评课环节，反思的力度和角度往往是不够的，多数情况下只是专家或权威人士进行了评课发言，而其他老师未能参与反思过程。

4. 记录关键事件

一些看似常规、普通的课堂教学事件，如果我们能记下其中成功的做法及其背后道理，或者记下失败之处及其原因，或者记下学生在课堂上做出的独特见解，学生学习中的困难之所在，那么我们就写成了课堂关键事件的记录，坚持下去，必定会有好的收效。

二、做智慧型教师，就要不断进行教学创新

在这次培训中，几个教授都讲到了这样一句话："我们教师是用'过去'的知识，教着'现在'的学生，而'现在'的学生要面对'未来'的生活和工作……"这两个"时间差"，引起我深深的思考。我在想，一个有智慧的教师，就应该未雨绸缪，紧跟时代发展的步伐，在教学内容、教学方法、教学手段等方面不断创新，才能尽量缩小"现在"与"未来"的差距。

（一）教学内容的创新

现今的课堂教学，依然以教材为蓝本，而教材编写的时间，一般都在 3~5 年之前，因此一些知识和观点的陈旧与落后是显而易见的，这就需要教师承担起教学内容创新的责任。

以我自己所教的小学科学这门课来说，在上"宇宙"这一单元的有关内容时，如果还按照教材内容来上课，是肯定落后的，教师应该和学生一起去广泛收集当今最新最前沿的宇宙科技方面的信息，比如，在学习"太阳系"这一课时，向学生介绍"NASA宣布发现火星有液态水的证据""开普勒－452b，宇宙中的第二个地球"等最新信息；还可以向学生介绍著名天体物理学家斯蒂芬·霍金的一些观点，诸如，"人类要想长期生存，唯一的机会就是搬离地球，并适应新星球上的生活""被黑洞捕获的不幸太空旅行者将无法返回他们自己的宇宙，而是能够逃离到另外的时空。事实上黑洞并非是人们所想象的那样，会摧毁一切，它可能是前往一个平行宇宙的通道"……这些全新的信息，会让学生展开想象的翅膀，会吸引他们去进一步探寻宇宙的奥秘。

（二）教学方法的创新

根据下图的"学习金字塔"，我们知道，让学生采用主动学习的方式，比如讨论、实践探究、教授他人等，学习的效果明显优于听讲、阅读等被动学习的方式。这就需要我们去深入思考、大胆尝试，选择与教学内容相匹配的高效的教学方式。

学习金字塔

（胡东芳副教授的PPT讲稿）

（三）教学手段的创新

在上海的几所中小学参观时，一个深刻的感受是他们教育信息化的步伐较快，"IPAD进课堂""点阵笔进课堂"，先进的教学手段不仅促进了教学水平的提高，同时也紧密契合了当今信息化的时代潮流。

反观我们深圳市的一些学校，教学信息化推进的速度还很慢，就连教室里的电子白板，也没有很好地发挥其互动功能，很多时候只是把它当成一个播放

PPT的幕布来用，难以体现课堂中的"生成性"，也难以实施"即时诊断与反馈"等功能，这是我们深圳教育需要思考和改进的地方。

对于理科老师来说，教学手段的创新还包括实验器材的制作与创新。教材中的实验器材或方法有时并不符合实际需要，这就需要老师发挥自己的聪明才智去设计制作合适的教具和学具。例如本人在上"阳光下的影子"一课时，因受制于阴雨天没有阳光，无法让学生观测影子的困扰，于是发明制作了"日影变化演示器"，让学生进行模拟实验，取得了良好的教学效果。该实验器材已获得了国家知识产权局颁发的专利证书，并在省级和国家级的相关比赛中都得到了专家和评委的好评。像这样的教具创新，从眼前来说，利于学生的学习；从长远来说，将会在学生脑海里埋下创新的种子。

三、做智慧型教师，就要关注学生的个性发展

教师的职责，除了"教书"，还有"育人"，而要做到"教"与"育"的有机结合，需要教师有足够的教育智慧。平时与同事们聊天，每当说到学生的教育问题时，老师们总会谈到一些调皮捣蛋、不守纪律、成绩糟糕的学生是多么的令人头疼却又找不到好的应对办法。这次在华东师大参加了培训，尤其是在听了刘弨波博士的"多元期待 多维评价"讲座之后，我对如何评价学生、如何关注学生的个性发展有了一些新的思考。

"每个人的聪明都不一样""世界因差异而美好""时代已经不同，我们对'才华'的定义应该扩大。教育对孩子的最大帮助是引导他们走入适应的区域，使其潜能得以发挥而获得最大的成就感（加德纳）"……仔细研读和品味这些话语，能给我们很多的启发。

（一）因人而异，课堂常规不能"一刀切"

在小学生的课堂常规中常能找到这样的句子："腰挺直、手放平、眼睛看老师"，于是一些"坐功"不好、好动的学生常常因违纪而受到批评；还有，"老师讲、认真听；要发言、先举手"，这让一些思维敏捷、爱插嘴的学生常常受到打击。……从学生个性发展的角度来看，这样"一刀切"的要求是值得反思的。研究表明，人的感知学习风格可以分为听觉型、视觉型和动觉型三种，教师应该在了解学生感知学习风格的类型之后，分类制定相关的常规要求，同时，教师所采取的教学方法，也要考虑到学生感知通道的偏好类型，扬长补短，多方兼顾。

（二）多元评价，让每个学生充满自信

对照加德纳的多元智能理论，我们在评价学生时不能唯考试成绩、分数而论英雄，而是应该形成多元的评价体系，让每个孩子的聪明才智得以发挥。我注意到，我们学校每到期末总结时，一个班的五六十个孩子几乎都能领到奖状，有学业进步的，有乐于助人的，有体育健将，有动漫达人……奖状拿在手上，自信写在孩子们的脸上。这种多元化的评价，无疑会让孩子拥有幸福快乐的童年。

（三）多种舞台，让学生展示自我

学校里如果开设有丰富多样的课程，给学生提供多种舞台，让他们有机会展示自我，这对学生的个性发展将大有帮助。运动会之于体育特长生，艺术节之于音乐爱好者，科技节之于科学小达人，都是良好的展示时机和舞台。我曾经教过的一个学生，文化课成绩真的很一般，但他玩遥控模型飞机的水平可真不一般，正是因为参加这一项活动，他变得自信，后来的学业和事业都有了很好的发展……这样的例子不胜枚举。

……

做智慧型教师，需要努力的方面还很多，在此不再一一赘述。

能评为"深圳名师"，是对我以前业绩的肯定；做智慧型教师，将是我今后不懈的追求！

附录3：

# 在学习和研究中成长

## ——杭州培训有感

### （写于2018年2月）

2018年1月26日—2月1日，我作为学校36名骨干教师中的一员，赴杭州师范大学参加了"课程与教学改革能力提升"的培训学习。在7天的学习过程中，我们聆听了多位特级教师、名师的讲座，收获多多。这其中，浙江省小学科学教研员喻伯军老师的讲座"以研究改进教学"给我的印象尤为深刻，引起我很多的思考。我觉得我们在教学中应该重视以下方面的问题：

一、要关注学生的前概念

喻老师在讲座中提到了这样一个例子："教过了，为什么还不会"，其实，这样的案例在我们平时的教学中经常上演着。我们总以为，一个知识点，只要老师教过了，学生就应该会了；如果不会，再讲一遍或两遍，总该会吧。但事实并非如此，根据"脑科学"的相关理论来看，这样的想法是该改变的，坐在课堂里的学生，他们的头脑不是一片空白，而是带有自己对某一问题的前概念来参与学习的，这些前概念可能是片面的或是完全错误的，教学中，老师应该想办法先让学生呈现出他们错误的前概念，并让他们知道"错在哪里""为什么错"，在此基础上，老师再帮助学生建构正确的概念，才能获得好的学习效果。

喻老师介绍的一位名师上的"点亮小灯泡"一课的教学设计，从调查学生的前概念入手，引导学生通过自主探究，发现了自己原先的想法是错的，从而主动去寻找和发现新的正确的点亮小灯泡的方法；在此基础上，老师引导学生继续探索，通过用一根导线点亮小灯泡的活动，让学生对电流回路这一知识点能解释清楚，理解明白，从而建构了正确的科学概念。这种在教学实践中关注学生的前概念、不断进行研究和改进的做法，是值得我们学习的。

二、带学生到自然场景中去学习科学

科学课中的很多内容是跟自然环境相关联的，在实际教学中，由于种种条件的限制，很难把学生带到真实的自然环境中去上科学课。但喻老师在讲座中介绍的几个课例，让学生尽量贴近自然，让学生在尽可能真实的环境中去学习，这让我触动很大。

例如："蚂蚁"一课的教学，我以前上这一课，只是做到了捉来蚂蚁让学生在课堂上观察；后来也带学生到校园里观察蚂蚁。但喻老师在上这一课时，并未止步于此，而是不断地研究和改进教法，最后做到了让学生在自然环境中去观察一群蚂蚁，为此，喻老师多方查找资料，想尽各种办法为全年级的学生捕捉了近200只苍蝇作为引诱蚂蚁的食物……

还有"养蚕"这一内容，我上过多次，觉得自己能给学生买来幼蚕和桑叶，利用一个多月的时间带领学生观察蚕的一生，已经是很了不起了；但听了喻老师介绍的树上养蚕的方法，顿时觉得汗颜：让蚕在自然状态下生长，这的确是更好的做法，为什么自己上了那么多遍，就没想过要改变和创新呢？

再比如六年级的"观察星座"这一内容，我上课的时候通常是给学生提供模拟的实验材料，但喻老师却是在夜晚带学生实地观察星座……这种严谨认真的科学精神，真的令我敬佩！

三、注重课程的整合和拓展

当今的STEM教育大受推崇，新的《小学科学课程标准》也增加了"工程与技术"这一项内容，这给小学科学教学提出了新的要求。喻老师在讲座中提出了一些中肯的建议，可以将STEM的理念融入平时的教学内容之中，我觉得这是很可取的做法。例如"小杆秤"一课，就可以拓展为一个STEM课程；还有"做纸桥""建高塔"等课，也可以加入"工程与技术"的元素……这些都需要老师在学习和研究中不断地去尝试、去改进。

通过这次培训，我深深地体会到：教师的成长，离不开研究，只有以研究的方法和态度来对待教学工作，不断地学习，不断地反思，不断地改进，才能不断提升自己的教育教学水平，才能促使自己不断地成长进步。

# 五、写下生活的感动

在平时的教育教学活动中，在与学生相处的每一天，总会有一些令我感动的人和事，及时地把这些故事写下来，也不失为一种练笔的好方法。

附：

## 一份珍贵的礼物

（写于2006年6月，发表于校刊上）

学生送给我的一张剪报，于我来说是一份珍贵的礼物。

周四一早上班，路过学校艺术中心门口，许多参加了晨练的学生从里面出来，很有礼貌地向老师问好。忽然，我听到一个学生急切地叫我："潘老师，等一下！"回头一看，原来是我教的学生——三（4）班的小黄同学。只见他从衣服口袋里掏出一张报纸样的纸片，展开后递给我，说："这上面有你的照片。"我接过来一看，果然是上周五（6月2日）我校师生去石岩河人工湿地考察时，一位记者拍下的我给学生做讲解的照片，刊登在6月3日（周六）的《宝安日报》上。尽管我在前一天看到了这份报纸、收藏了这份资料，但当学生把这特意为我剪下来的，在身上揣了几天，已经变得有些皱巴巴的纸片递给我的时候，我的内心充满了感动。我非常真诚地向学生说了声："谢谢你！"

孩子蹦蹦跳跳地走远了，但我的心情久久不能平静。多么可爱的孩子！多么有人情味的学生！回想在我的课堂上，这个头脑灵活但又有些调皮的孩子，并没有得到我过多的关照，倒是挨过不止一次的批评；有时他问我问题，我甚至都没时间给他进行耐心的解答。但孩子是很宽容的，他并没有跟老师计较什么。当他周末在家发现报纸上有他熟悉的老师的照片时，便小心翼翼地剪下来

（尽管边缘剪得很不整齐，但唯其如此，才表明是孩子亲手所为）。不仅如此，由于这个学生所在班级的教室离我的办公室很远，而且我在他们班的周课时只有两节，孩子要找到我真不容易。想必他一定是将这张纸片像宝贝一样天天带在身上，直到今天早上（周四）终于交到我的手中。这个平时连自己的东西都丢三落四的孩子，能把这张剪报保存这么多天可真不容易！

我会将这份礼物好好收藏，不仅仅是因为上面有我的照片，更主要是因为它出自学生之手，它融入了学生对老师的一份关心、一份情意；同时，它也会时刻提醒我：身为老师，我对学生付出的爱够多吗？

## 六、先做教学研究，再写教学文章

就一线老师来说，只有当自己对某节课或某个主题做了一些研究，有一些独特的见解时，写起文章来才会得心应手、言之有物，如果平时没有进行过相关学习或研究，只是为了发表或获奖才想到要写论文，恐怕是很难的。

继前文提及的我在 1998 年 6 月在《小学自然教学》杂志上发表了第一篇教学文章之后，阅读、思考、研究、写作继续成为我业余时间的主旋律，在《小学自然教学》2001 年第 1.2 期合刊中登出了我写的另一篇教学研究文章：《也谈"唾液对淀粉有消化作用"的实验》。当时的教材内容上有一个实验，证明口腔的唾液中有一种酶，可以让淀粉水解变成葡萄糖，淀粉遇碘酒会显蓝色，但葡萄糖是单糖，遇碘酒不显蓝色。这个实验，是我再熟悉不过的了，当初我在中专教生物化学课时，带学生做了无数遍这个实验，成功的和失败的经验有很多。当看到《小学自然教学》1998 年第 9 期上刊登的一篇文章之后，产生了一些不同的想法，便想写出来与同行们分享。文章投稿之后还真的被采用了。

附：

### 也谈"唾液对淀粉有消化作用"的实验

（此文发表在《小学自然教学》2001 年第 1.2 期合刊）

《小学自然教学》1998 年第 9 期上发表了王健老师的《唾液对淀粉有消化作用实验的探索》一文，读后十分赞赏作者这种大胆探索、勇于创新的钻研精神；但对文中所介绍的"简便方法"，笔者有一些不同的看法，愿与同行商榷。

我们知道，唾液对淀粉的消化作用，主要在于唾液中的淀粉酶可催化淀粉水解生成葡萄糖。淀粉遇碘显蓝色，而其水解后的产物遇碘则不显蓝色，因此可用碘液来鉴别出反应体系中是否有淀粉的存在。自然教材在"消化器官"这一课中安排这样一个通过颜色对比来观察结果的实验，学生是非常感兴趣的，做好这一实验也可帮助学生理解消化液的作用。

这一实验最理想的结果应该是：1号试管显蓝色，2号试管无色或显淡黄色。看到这样的结果学生就不难理解；2号试管中的淀粉没有了，被唾液消化了。而要保证实验成功，就必须考虑到温度、反应时间、淀粉的量、酶的活性等因素及其之间的相互关系，具体说明如下：

一、温度

在做有关酶的实验时，温度是一个不容忽视的因素。在人体内，许多酶保持活性（包括唾液淀粉酶）的最适温度在37℃左右（即与人的体温相近），温度过高或过低都不适宜，因为温度降低会使反应速度变慢，温度过高则会使酶变性失活。因此，在大学实验室里，凡是做酶学实验，往往少不了"37℃恒温水浴"这一条件。小学阶段做此类实验时，可因陋就简，用烧杯装上约40℃的温水就可代替了。另外，如果做该实验时室内温度较高，比如在夏天，气温达到三十多度，也可不用温水，将试管直接置于室温下也行；但在其他季节，在室温较低的情况下实验若不用温水，则反应速度必会减慢。

写此文之前，笔者曾按王健老师介绍的方法实验过多次，当时的室温是24℃，结果是：当淀粉与唾液混匀后立即加入碘液，则两支试管都显蓝色，无明显差异。

二、淀粉的量

要想在较短的时间内使反应完成，所加入的淀粉的量就不能过多，否则试管中的淀粉过剩，加碘液后仍会显蓝色。但如果量太少又不便于结果的观察，通常取1%的淀粉溶液2ml（30滴）左右为宜。

三、酶的活性

不同的人，或者同一个人在不同的时间，其口腔中所分泌的唾液淀粉酶的活性大小会有差异。如果遇上酶活性很低的情况下，则需增加唾液的用量或者延长反应时间。

四、反应时间

正如食物在人体内消化吸收需要一定的时间一样，唾液催化淀粉水解的反应在体外进行时，也需要一定的时间才能获得理想的实验结果。该反应所需时间的长短取决于试管中所加入的淀粉的量、唾液中酶的活性及所处的温度。如果淀粉的量少，酶的活性高，且温度最适宜，则反应能较快完成，一般10分钟左右即可。有时为了保证2号试管中的淀粉完全水解，也可适当延长反应时间。

综上所述，要保证唾液对淀粉有消化作用的实验真正达到100%的成功率，温度和反应时间这两个因素不能不考虑。因此教材在介绍实验方法时强调了"约40℃的温水""过一会儿"，这绝不是可有可无的条件。教师不能把"准备温水"单纯看作是增加了工作量，把"等一会儿再观察结果"当成是浪费时间。相反，如实告诉学生该反应所需的条件并按要求去做，不仅让学生长了见识，而且也受到了科学态度的教育，因为该过程本身就可启迪学生：科学实验需要有严谨、认真的态度，需要遵循事物发展变化的规律去做，才会有理想的结果。

先有研究，后有文章。后续我写的很多教学文章都是这样诞生的，最典型的要数我在《科学课》杂志2007年第4期发表的《"双胞胎"蚕茧的观察与研究》一文了。

图20　作者周末在实验室喂蚕
（2006年4月）

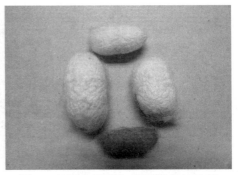

图21　双蚕合织茧与普通蚕茧的比较

那是在2006年4月，我带领学生养蚕的过程中，发现了很多个体积较大的蚕茧，这一奇怪的现象，引起了我和学生的思考，产生了一些想研究的问题。在接下来的十多天时间里，我对这些特别的蚕茧单独进行跟踪观察、拍照记录，终于找到了一些问题的答案。在此基础上，我把自己的研究过程和有趣的发现整理成了文章，投寄给《科学课》编辑部，后来发表了。

附：

## "双胞胎"蚕茧的观察与研究

一拿到教科版三（下）的《科学》教材，看到其中有一个单元是关于"养蚕"的，我意识到不能再像以前上自然课那样只在嘴巴上"养蚕"，而必须想办法真刀真枪地干了。费了许多周折，我校终于从有关部门购回了80盒（每盒10只）二龄蚕，由我和另一位科学老师指导学生喂养。30多天之后，我们收获了300多只蚕茧。面对着大小不同、厚薄不一的蚕茧，学生们提出了许多想研究的问题。我这个第一次养蚕的老师，也跟学生一样兴致勃勃，便带着他们进行了一系列的跟踪观察和对比实验。其中，对于"双胞胎"蚕茧的研究令我们大开眼界。

一、发现"双蚕合织茧"

当多数的蚕开始吐丝结茧时，一个学生跑来对我说："老师，好奇怪啊，有两只蚕合体了！"我拿起学生的蚕盒一看，只见在盒的一角，有一个刚刚形成轮廓的茧，外形很大，几乎是其他茧的两倍，里面隐约能看到两只蜷缩着的蚕。这情景令我也感到惊讶。这两只蚕宝贝为什么要挤在一起呢？它们能够"和睦相处"吗？能够"齐心协力"共同织出一个完整的茧吗？我跟学生一样替蚕宝贝担心。

不过，事实证明我们的担心是多余的。两天后，这只"双胞胎"茧已经织好了，除了体形比其他蚕茧大之外，别的方面倒也没什么差别（见图一）。一个学生问："老师，这两只蚕是不是商量好了，长大后要结为夫妻，所以它们就共同建造一个家？"另一学生说："为什么它们一定是夫妻呢？也有可能是两兄弟或两姐妹呀。"这充满童真的话语令我忍俊不禁。说实在的，我也不知道这其中的答案，只有等它们变成蚕蛾后才能揭开谜底。

后来，当我们把学校里所有的蚕茧集中起来拍照时，又有了新的发现：另一位科学老师送来的130只蚕茧中，像"双胞胎"蚕茧那么大的居然有十几个，这让我吃惊不小。我问他："这些超大的茧都是两只蚕合织的吗？"他说不太清楚，好像不是吧。我对此有些怀疑，决定进行专门的观察研究。

二、拟定研究的问题

在好奇心的驱使下，我和学生一起拟定了以下待研究的问题：

1. 这些体形超大的茧，是否都是由两蚕织成？

2. 挤在一个茧里的两只蚕，是否都能化蛹、变蛾？

3. 两蚕的性别如何？会是一雌一雄吗？

三、进行观察研究

我和学生一起，从130只蚕茧中挑出了12只有可能是"双胞胎"的茧。挑选的依据是：普通的蚕茧，体形"瘦长"，茧的粗度（直径）一般在1.6~1.9cm；而"双胞胎"茧，体形"肥胖"，茧的粗度（直径）为2.3cm。除这12只外，在晚熟蚕茧中，又有 3 只是我的学生亲眼目睹其形成过程的"双胞胎"茧。这样，体型超大的茧，一共就有了 16 只。我们把这 16 只蚕茧分装在 16 个盒子，每天进行观察、记录。

14 天后，终于见到第一只茧出蚕蛾了，两只均为雄性。再看茧壳，上面只有一个洞；剖开茧壳，见到了两个蛹壳和两张皮（图二）。

此后的 6 天，我们每天分早、中、晚三次进行观察，记下了各茧所出的蚕蛾的性别及其他的相关情况，直到 16 只茧全部出蛾完毕。当蚕蛾出来后，我们还将它们的茧壳一一剖开，从中发现了更多的信息。

四、我们的研究结果

通过观察研究，我们不仅找到了上述问题的答案，而且还有了许多有趣的发现：

1. 可以肯定，被我们挑出的这 16 只体形超大的茧，确实都由两蚕织成。这是由出来的蚕蛾数及解剖茧壳后所见到的蛹壳数证实的。

2. 两只蚕挤在一个茧里，对它们化蛹、变蛾并无多大的影响。

这 16 只"双胞胎"茧，有 14 只形成了"双蛾"；有两只茧只形成了"一蛾"。解剖发现，后者的茧壳中，还留有一个黑色的、幼虫形状的蚕体，看来是蚕在吐完丝后，未变成蚕蛹就死亡了。由于我们还同时观察到其他"单蚕茧"也有类似未成蛹就死亡的情况，因此，可以断定，双胞胎蚕茧中一只蚕的死亡，倒不一定是因空间狭小或是两蚕争斗所致。

3. 从"双胞胎"蚕蛾的性别来看，分为三种情况：

①两蚕同为雄性。我们观察到有 6 只茧中出来的是两个雄蛾。

②两蚕同为雌性。我们观察到有 5 只茧中出来的是两个雌蛾。

③两蚕为一雄一雌。像这种情况的茧共有 3 只。

此外，还有两只茧只出来了一只蚕蛾，分别为雄性和雌性。由于另一只蚕提前死亡，因此无法判断它们性别的异同。

4. 从蚕蛾出茧的位置来看，分为两种情况：

①两蛾从茧的同一个洞中钻出。11 只钻出同性双蛾的茧中，有 9 只属于这一类。

②两蛾分别从茧的两头钻出。有 2 只茧的两头各破了一个洞（见图三），分别钻出的是两雌蛾和两雄蛾。

5. "双胞胎"蚕蛾出茧的时间：

通过观察，我们发现，一般情况下两只蛾出茧的时间相隔不远；但有一只例外，两蛾出来的时间相隔了两天。当时的情况是，我们观察到这只茧中只出来了一只蚕蛾，过了半天还是这样，这让我们怀疑另一只蚕是否还活着，便将茧壳小心地剪开了一条缝，结果看到还有一只蚕蛹在里面，身体会摆动，于是我们又赶紧合上了茧壳。后来，这只蛹变成了蛾自己钻出来了。

6. 异性"双胞胎"蚕蛾的特殊之处

前已述及，有3只茧中的蚕蛾，为异性"双胞胎"。它们可特别了，待在茧中迟迟不愿出来，全是我们做"剖腹产"手术把它们拉出来的（图四）。

我们观察到，一般情况下，只要茧壳被它们分泌的液体弄湿，蚕蛾马上就会钻出来；可是这几只茧却不同，茧壳湿了两三天也没动静。这让我们有些担心，便小心翼翼地把茧壳剪开了。好家伙！两只蚕蛾活得好好的，一出来就迫不及待地开始交尾了。而且，剪开茧壳时，我们还发现里面已经有了好多黄色的卵！不过，继续观察发现，这些卵与其他在体外交配后所产的卵不同，放置几天后也没有变色，依然是原来的黄色。猜想这些是否是未受精的卵？

五、我们的未解之疑

虽然通过研究我们有了许多的发现，但是，仍有许多的疑问没有找到答案：

1. 是什么原因导致了"双胞胎"蚕茧的产生？

听说杭州生产的一种蚕丝被，全是用"双胞胎"蚕茧的丝织成的，所以我们也很想知道"双胞胎"蚕茧的形成原因到底是什么。从我校养蚕的实际情况看，两位科学老师所负责的蚕，双胞胎蚕茧占所结茧数的百分率有明显差异，一个为2.35%，一个为9.23%。分析其中原因，蚕的来源相同，喂养的环境相似，唯一不同的是，中间有一段时间所喂养的桑叶有区别，百分率高的那一边，喂了较多的野生桑叶。难道野生桑叶有促进"双胞胎"蚕茧形成的作用吗？我们不得而知，但明年再养蚕时，我们一定会进行对比实验。

2. 两蚕是怎样合织一茧的？

蚕会吐丝结茧，这大概是它们的遗传基因所决定的。但是，两只蚕共同织成一个茧，难道也是遗传的吗？它们怎样进行统一和协调？怎样进行信息的交流？

3. 在同一个茧里的异性双蛾为什么迟迟不从茧里钻出来？

当我们把这3只茧剪开、看到里面活着的蚕蛾及其所产的卵之后，为了对比，有意没有将一只茧中的两蚕蛾拉出来，希望它们自己钻出来。但两天后，蚕蛾死亡了，依然待在茧里面。猜想这其中的原因，是不是因为它们已经有配偶了，用不着出去寻找了，所以就一直待在里面？

另外，产在茧壳里的卵也令人费解。如果说动物产卵是为了繁殖后代，那么，这一对异性蚕蛾将卵产在茧壳里，就算孵出了蚁蚕，但得不到食物来源，不也会饿死吗？

我想，我们学生提出的这些问题，在养蚕专家和有经验的同行那里一定能得到满意的答复。希望能得到专家们的指点，希望能与同行们进行交流。

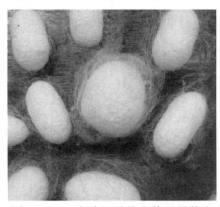

图一："双胞胎"蚕茧比普通蚕茧大很多

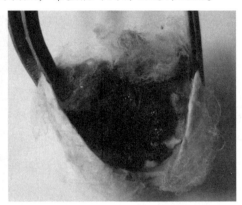

图二：剪开茧壳，可见两个蛹壳和两张皮

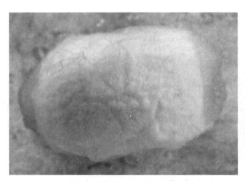

图三：一茧破两洞，两蚕蛾各自有出口

图四：剖茧取蛾，可见黄色的卵

再比如另一篇发表在《科学课》2013年第5期上的《中高年级学生科学元认知水平的探查报告》，历经了大半年之久才写成。这项研究是在市教研员童老师的指导下进行的，从阅读和学习有关"元认知"的书籍开始，后来结合课堂教学进行原始资料的收集，之后对收集的几百份资料进行归类、统计，提取相关数据；再通过对数据的分析，提炼出一些观点，最后整理成文章……在经过了这次的研究和写论文的过程之后，我对"元认知"这一概念加深了理解，对教学过程中如何关注和培养学生的元认知能力有了一些新的想法；与此同时，在进行数据统计和分析的过程中，我也学到了相关的技能，提高了数据处理的能力。

附：

## 中高年级学生科学元认知水平的探查报告

元认知是指对认知的认知。学习科学的研究表明：学生如果具有较高的元认知水平，就能有效地对自己的学习过程进行反省、评价、监控、调节，就能择优选取较好的学习策略，进而提高学习的效率。结合科学教学和儿童心理发展水平的实际情况，我们对小学中高级学生的元认知水平展开调查评估。那么，中高年级学生的元认知水平到底如何？他们的元认知又有哪些倾向性的表现呢？这些倾向性的表现又给我们科学课的教学带来哪些重要的启示呢？带着这样的问题，我们对四、五年级的学生进行了探查。

一、探查的方法

1. 探查对象

A、B 两所小学的四、五年级 10 个班共 467 学生为探查对象。其中四年级学生 245 名（A 校 140 名，B 校 105 名），五年级学生 222 名（A 校 132 名，B 校 90 名）。A 校位于城市中心区，B 校距城市中心较为偏远。

2. 探查方法

主要采用科学日记评估法。探查对象在上完科学课后，在当天完成不少于 300 字科学日记。部分学生在表达上有困难的，很难完成 300 字左右科学日记，则鼓励他们多写一些内容即可。我们对每位学生的科学日记结合评价指标进行定性分析，然后将所有学生的评价结果进行统计和分析。

其次采用访谈法，根据个别学生的科学日记内容开展访谈。

3. 制定元认知能力的评价量表

根据著名心理学家弗拉维尔的观点，元认知由三个部分组成，即元认知知识、元认知体验和元认知监控。由于小学生的自主意识较差，学生基本上没有元认知方面的知识，但其认知体验和监控是可以进行探查的。结合科学教育的目标要求，我们将元认知水平从三方面进行评估（对科学概念的认知体验和监控、对科学探究方法或过程的认知体验和监控、自我探究行为监控），细分为

16 项指标，制定出了下面的评价表。

表1：儿童科学日记的元认知水平评价表

| 评价要素 | 评价指标 | | 评价结果 | 元认知水平程度 |
|---|---|---|---|---|
| | 编号 | 内容 | | 认知简单体验 |
| 对科学概念的认知体验和监控 | 1 | 是否表达了对某一主题的原有认知 | | |
| | 2 | 是否表达了探究后的认知 | | |
| | 3 | 是否正确或较为完整地表达了探究后的认知 | | |
| | 4 | 是否表达了认知变化的原因（比如，什么让我相信，什么让我改变之类） | | 认知自我监控 |
| 对探究方法和过程的认知体验和监控 | 5 | 是否记录了一些探究操作过程或方法 | | |
| | 6 | 是否清晰地记录了探究操作过程或方法 | | |
| | 7 | 是否记录了实验结果或现象 | | |
| | 8 | 是否完整地记录了实验结果或现象 | | 认知简单体验 |
| | 9 | 是否准确地记录了作为证据的实验结果或现象 | | |
| | 10 | 是否表达了推理的过程【如：导致这个现象的原因（因果推理）；从这个现象想到了什么（类比推理）；有哪些相似或区别（对比联系）】 | | 认知自我监控 |
| | 11 | 是否表达了探究和认知的关联（如，对于这个现象，我是这么认为） | | |
| 对探究行为的体验和监控 | 12 | 是否记录了自己在探究中的任务或操作行为 | | 行为的自我体验 |
| | 13 | 是否记录了自己与他人的合作 | | |
| | 14 | 是否清晰地记录了自己和他人的分工或合作过程 | | |
| | 15 | 是否记录了自己的失误或失败或非探究任务的行为 | | 行为的自我监控 |
| | 16 | 是否记录了自己从失误或失败行为中的收获 | | |

二、评价结果统计

我们对学生的每篇日记一一阅读，对照上表中的 16 项指标，逐一统计有记录的学生人数；然后将原始数据输入 Excel 进行处理，得到了以下汇总数据：

表2：四五年级学生科学日记元认知能力统计数据表

| 指标编号 | 评价结果 | | | | | | | |
|---|---|---|---|---|---|---|---|---|
| | 四年级（245份） | | | | 五年级（222份） | | | |
| | A校 140 | B校 105 | 合计 | 百分比 | A校 132 | B校 90 | 合计 | 百分比 |
| 1 | 7 | 2 | 9 | 3.7% | 3 | 1 | 4 | 1.8% |
| 2 | 73 | 73 | 146 | 59.6% | 103 | 61 | 164 | 73.9% |
| 3 | 8 | 2 | 10 | 4.1% | 33 | 16 | 49 | 22.1% |
| 4 | 5 | 0 | 5 | 2.0% | 5 | 14 | 19 | 8.6% |
| 5 | 139 | 80 | 219 | 89.4% | 128 | 87 | 215 | 96.8% |
| 6 | 28 | 15 | 43 | 17.6% | 75 | 37 | 112 | 50.5% |
| 7 | 61 | 66 | 127 | 51.8% | 131 | 80 | 211 | 95.0% |
| 8 | 1 | 12 | 13 | 5.3% | 20 | 27 | 47 | 21.2% |
| 9 | 0 | 0 | 0 | 0.0% | 1 | 7 | 8 | 3.6% |
| 10 | 2 | 0 | 2 | 0.8% | 21 | 16 | 37 | 16.7% |
| 11 | 2 | 0 | 2 | 0.8% | 13 | 1 | 14 | 6.3% |
| 12 | 75 | 59 | 134 | 54.7% | 9 | 19 | 28 | 12.6% |
| 13 | 39 | 67 | 106 | 43.3% | 10 | 14 | 24 | 10.8% |
| 14 | 3 | 11 | 14 | 5.7% | 2 | 2 | 4 | 1.8% |
| 15 | 35 | 19 | 54 | 22.0% | 4 | 4 | 8 | 3.6% |
| 16 | 17 | 3 | 20 | 8.2% | 2 | 1 | 3 | 1.4% |
| 小计 | | | | 23.3% | | | | 26.6% |

三、对相关数据的分析

1.总数值不高，各指标数据差距大

从统计表和柱形图中可以看出，各项指标间的差距较大（0%~96%），且总体水平较低(平均数25%)。五年级和四年级学生相比,并未有较明显的变化。

统计结果表明,四五年级儿童的元认知水平较低,这和国外的相关研究结果基本一致。从数据表中我们可以看出儿童元认知水平低,是因为他们对认知缺少自我的体验,当然其自我调节和监控能力也就很弱。造成儿童缺少认知的自我体验的原因是多方面的,教学中我们没有给予关注和重视也是重要的原因之一。

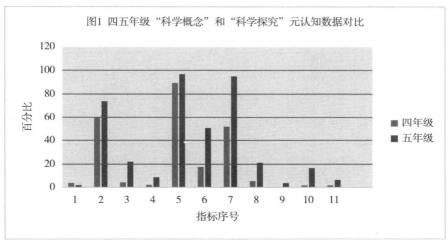

图1 四五年级"科学概念"和"科学探究"元认知数据对比

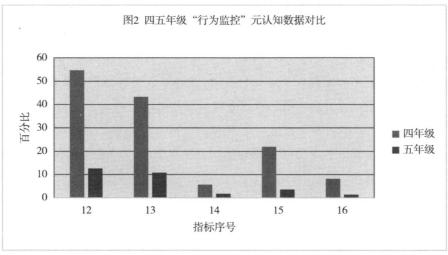

图2 四五年级"行为监控"元认知数据对比

2. 对一些离散度大的数据进行分析

有七项指标相互关联，从评价结果来看，离散度很大。见下表。

| 评价维度 | | 对探究过程和方法的认知和体验 | | | | | |
|---|---|---|---|---|---|---|---|
| 指标 | 编号 | 1 | 2 | 5 | 6 | 7 | 8 |
| | 内容 | 原有认知 | 认知变化的原因 | 对探究过程有记录 | 清晰记录探究方法 | 记录一些实验结果 | 完整记录探究结果 |
| 数据 | 四年级 | 3.7% | 59.6% | 89.4% | 17.6% | 51.8% | 5.3% |
| | 五年级 | 1.8% | 73.9% | 96.8% | 50.5% | 95.0% | 21.2% |

从上表中可以看出，其中三项评价结果，两个年级有记录人数的百分比（以下简称为"记录率"）均高于50%，这三项指标是：第2项（记录探究后的认知）、第5项（记录一些操作过程或方法）、第7项（记录实验结果或现象），这说明学生经历过的探究过程及由探究所获得的新的认知，会在他们头脑中留下比较深刻的印象。但从关联指标来看，离散度太大。原有认知学生基本没有记录（指标1），这说明儿童缺乏对自己的认知变化的体验，也没有将新的认知和原有认知进行联系。探究方法的清晰度（指标6）和探究结果的完整性（指标8）较差，也说明学生对探究的过程和方法缺少认识、体验，没有将探究方法理解和内化，同时对结果完整性的自省不够，所以导致实验结果不全面。

3. 对反常数据进行分析

在"行为监控"的各项评价指标中，五年级学生的记录率反而低于四年级学生。如前面图2。

按照儿童的认知水平发展规律，这样的结果是有点反常的。经对学生和教师访谈发现，造成这种反常的原因有这样一些：

与教师的探究管理有关。A校的四五年级由不同的教师任教，四年级的科学老师平时比较注重对学生进行小组合作探究的指导，组员之间既有明确的分工，又有密切的协作，已养成了比较好的小组合作的习惯；而五年级的学生在这方面的所得到的指导和训练较欠缺。再看B校，虽然两个年级都由同一个老师教，但老师接班时间不长，学生尚未形成良好的合作习惯。

与科学探究活动的组织有关。四年级的探究任务是"解剖油菜花"，学生两人一组开展探究，实验过程中能够明确分工，相互配合，所以该校四年级学生的科学日记中，有不少的学生对自己的操作行为和小组的分工合作进行了记录；而五年级的探究任务是"液体的热胀冷缩"，教师在课堂中只要求学生四人为一组完成实验，任务前没有进行具体分工的指导，因此，学生很少有人在实验日记中记录自己独立的操作活动和小组的任务分工，更谈不上对操作行为进行反思了。这个事例说明，学生的行为监控能力需要在有效的指导和干预下才能得到顺利的发展和提升。

4. 对低值数据进行分析

有六项指标，两个年级都很低（低于10%），列举如下：

| 评价要素 | | 科学概念 | | 探究能力 | | 行为监控 | |
|---|---|---|---|---|---|---|---|
| 指标 | 编号 | 1 | 4 | 9 | 11 | 14 | 16 |
| | 内容 | 原有认知 | 认知变化的原因 | 准确记录证据 | 探究和认知的关联 | 清晰地记录分工 | 失误中的收获 |
| 数据 | 四年级 | 3.7% | 2.0% | 0 | 0.8% | 5.7% | 8.2% |
| | 五年级 | 1.5% | 7.6% | 3% | 6.8% | 1.5% | 0.8% |

针对上述数据偏低的几项指标，两校的老师分别随机找来一些学生进行访谈，询问学生在探究日记中为什么没有涉及相关内容。大部分学生表示："不知道要写这些""没想过要写这些""没印象，所以没写"……

分析第1项指标（是否表达了对某一主题的原有认知）是为了探究儿童对自己认知的自省意识。记录率偏低的原因，可能与学生的前概念暴露不足有关，如果老师在平时的教学中没有充分重视学生的前概念，没有制造机会让学生将他们原有的认知呈现出来，那么，学生在自己所写的记录中就不会提及这方面的内容。

第11项评价指标（是否表达了探究和认知的关联）是为了探查学生是否主动对结果和认知进行了主动加工，形成自己的观点，也可以探查出学生是否主动反省证据和观点的联系。统计结果表明，大部分学生在日记中都没有写到这方面的内容，这反映出我们在平时的科学教学中，对学生认知发展的关注度还很低。

第16项评价指标（是否记录了自己从失误或失败行为中的收获）是为了探查学生的自我反思及行为监控能力。在学生的科学日记中很少看到这方面的记录。通过访谈发现，个别学生认为自己小组的实验比较成功，没有失败，所以就没有记录自己的失败行为；也有一些学生在实验过程中出现了失误或失败的操作行为，但却没有想到要在实验日记中记录。由此可见，学生对探究过程中出现的失误或失败等问题并没有给予应有的重视。

四、相关教学建议

人们常说，"授之以鱼不如授之以渔"，对于学生来说，"如何学习"比"学会什么"更重要，因此，我们所进行的教学活动不能只关注科学概念、探究方法和技能；我们的教学方式也不能只满足于教得轻松、学得愉快，还应将"教学"与"促进学生认知发展"紧密结合起来，让学生学会自我反思，学会对自己的学习过程进行回顾，加强元认知的反省、调整和监控。这样才能帮助学生逐渐形成一些对个体有效的学习策略，从而提高独立学习及解决问题的能力。

就小学科学的教学来说，要提高学生的元认知水平，促进学生科学思维发展，同时优化我们的科学教学，笔者认为可从以下方面着手：

1. 促进儿童的思维自觉

"以生为本""学生是学习的主体""以学促教"等已成为教学的流行口号。然而，何为"本"，什么才是"主体"，什么样的"学"能促进"教"等问题却不明了。儿童的元认知水平较低，固然与儿童的主体意识及思维水平发展相关，但与长期以来忽视儿童主体自觉下的思维发展的教学也有关系。主体自觉下的思维发展，不是靠简单的思维训练就能奏效的，重要的是让儿童对自己思维（认知）有自觉的体验，有流程的监控，有认知效果的对比，有策略的生成，这样儿童才会成为会思考的人、会主动发展的人。教学中，我们也应在这些方面创设起码的条件和机会。

2. 注重探究与认知、认知与认知之间的关联

从调查中我们可以看出，儿童很少将自己的探究和认知主动结合起来。这给我们的教学提出了一个重要的课题——如何让儿童"做中学"和"学中做"。在科学教学中，教师在引导学生进行探究时，不仅要让他们注意观察现象（结果），还要引导学生去思考："对于这个现象（结果），我是这样想的……""导

致这个现象的原因，我认为是……""由这个现象，我还想到了……"等，长期坚持，儿童才有可能自觉地进行探究和认知的联系，儿童的元认知中才有可能渗入科学思维的成分。

认知之间的关联的教学意义在于，我们应重视儿童的原有认知并以此为基础开展教学，我们的教学应当将认知可视化并以此为基础进行认知意义的发现，我们的教学应将不同的认知进行分析并以此为基础让儿童形成认知的策略，这些层面的认知关联就是元认知的发展平台。

3.给予反思机会

每节课中（或课后），尽可能安排一定的时间，让孩子回顾并反思自己的整个学习过程：如，我学会了什么？我是怎样进行探究的？别人的探究和我的一致吗？如何解决探究结果的冲突？我和同伴的合作情况怎样？我们在操作过程中出现过错误或失败吗？怎样才能避免？……

如果老师能够经常引导学生去进行自我反思，不仅能帮助学生逐渐养成良好的反思习惯、促进元认知水平的提高，而且能加深儿童对科学概念、科学探究和科学本质的理解。

4.强化行为监控

元认知理论认为，"监控"是元认知的核心要素。小学阶段，儿童的行为易受多种因素影响，让儿童主动反思和监控自己的行为有利于提高探究效率。一些外在的干预方法也不可缺少，比如探究的合理分工，孩子间的相互合作与监督，及时且有效的提示等。笔者认为，内在的干预方法也许更为重要，比如宽松的探究文化（不以成败论英雄，强调行为反思和主动调整），目标的产生式导向（分解探究目标并对行为及时评价）等也许会激励儿童深入探究，从而自然形成良好的研究习惯，有利于儿童自我监督。

参考文献：

[1] R·基思·索耶.剑桥学习科学手册[M].教育科学出版社.

[2] J·H弗拉维尔等.认知发展[M].华东师范大学出版社.

[3] 爱莉诺·达克沃思.精彩观念的诞生——达克沃思教学论文集[M].高等教育出版社.

回首自己二十多年的从教历程，有艰辛、有磨难，但也有收获和喜悦。从初来深圳时的"零起点"，逐渐成长为区级名师、市级名师乃至于广东省特级教师，靠的是勤奋和努力，拼的是时间加汗水。我觉得自己好比一个攀登者，凭着一种信念和执着，一步一个脚印，不断地向上、向前！

图 22 攀登者

# 第二卷　教学创新 永无止境

来深圳从教二十多年，我一直耕耘在小学科学教学这片沃土上，虽然所教的内容时有重复，但我却没有产生过"职业倦怠"，因为我有一个"爱好"——喜欢对实验材料和教学方法进行改进和创新。因此，每当新学期领到教学任务之时，也就是新的挑战开始之时。教学过程中时不时有新的问题冒出来，需要我去思考、去解决。"没有最好，只有更好"，对于教学创新的研究，永远没有终点。

# 第一章　实验材料与教学方法的创新

"模拟"容易"创新"难，教学中的每一次实验材料的创新或教学方法的改进，都不可能一蹴而就，挫折与失败总是如影随行。唯其如此，成功之后的喜悦才会特别令人振奋。以下的这些小故事，记录了我在教学创新过程中的甜酸苦辣……

## 一、漏斗里的水流不进空瓶

图 1 漏斗里的水流不进空瓶　　　图 2 打开瓶塞后漏斗里的水流进瓶子

这是我在 1998 年上三年级自然课"空气占据空间"时为学生准备的一套实验材料：在一个密闭的玻璃小瓶的瓶塞上插入一个小漏斗（由于漏斗管不够长，另外套上了一小截透明塑料管），管的下端伸入瓶子里，当往漏斗中加水时（最好是用加红色墨水的水，看得清楚），水却流不进空瓶子里，只存在于漏斗及管中；但如果把瓶塞拔开，漏斗里的水很快就流入瓶子里。这一奇怪的现象大大激发了学生的探究兴趣，他们通过亲自操作、仔细观察、认真思考，并在老师的点拨下，很快明白了其中的原因：当小瓶子里的空间被空气占据（且空气不能自由流出）时，水就没法流进去；一旦拔松瓶塞，瓶里的空气可以跑出去了，漏斗里的水就能流进去（图 1 和图 2），因为空气跑出去后为水的进入让出了空间。这套实验装置能让学生直观地感知"空气会占据空间"，从而较好地达到本课的教学目标。

　　但弄到这一套实验材料，可并非易事。最初，我按教材上介绍的方法，用250毫升的集气瓶、橡胶塞和玻璃漏斗（过滤实验用的）来做这一实验，可是，当把它们三者组装好了之后往漏斗中倒水时，水依然可以断断续续地流入集气瓶中，且有气泡自下而上冲出。我以为是瓶塞的气密性不好，便想了各种办法来增强瓶塞的密闭性，但再次试验时，水依然可以流入瓶内。到底是何原因导致实验不能成功呢？我在那里苦苦思考。

　　后来，当我翻到教材后面的"压缩空气"一课时，我突然想明白了：由于空气具有可压缩性，当漏斗中的水达到一定水位对瓶内空气产生压力时，就能使瓶内空气因受压而缩小一定的体积，这就为水的流入提供了空间条件。由于集气瓶的体积较大，瓶内空气被压缩后让出的空间就较多，再加上漏斗管的管径较粗，一部分被挤压的空气可以从漏斗管中逸出，带着管中的水一起喷洒出来……原因找到了，如何改进呢？我想到了两个方面：一是换用很小的瓶子，当瓶内空气总量很少时，被压缩后减少的体积也就微乎其微了；二是换用小漏斗，且漏斗管的管径要很细，使空气无法从管中逸出。

　　改进的方法想出来了，但去哪里弄到这些材料呢？从数量上来说还不是一套就够的，因为要给学生做分组实验用，每个小组至少有一套才行。苦思冥想了好久，突然想到了曾经在医院里见过的青霉素小瓶，觉得它的大小和透明度应该合适，决定找来试试。我来到校医室，要了些空的青霉素瓶，用剪刀撬掉上面的铝盖，将瓶子反复清洗干净。接下来，再找小漏斗，我从材料箱里翻出一袋学生用的制作材料，在里面找到了一个小的塑料漏斗，将漏斗的下端插入青霉素小瓶的胶塞中，倒水试了一下，水真的流不下去！耶，成功了！当时独自待在实验里的我情不自禁地跳了起来。经历挫折之后的成功，是最难能可贵的，这种发自内心的愉悦体验，让我沉醉其中，乐此不疲。

## 二、让"大气压力"显威力

　　实物投影上放着一个水槽，里面装着红色水，我将一个注射器放入水中，松开手指，只见红色的水自动进入到了注射器中……学生从屏幕上看到这一现象，好奇极了，"老师，你是怎么做到的？""水为什么会自己进去呢？"孩子们思维的火花被点燃，跟着我投入到有趣的探究活动之中……这是我于1999年在上三年级"大气压力"这一课时设计的导入环节，收到了较好的教学效果。

这个点子的产生，源于我对"大气压力"这一课的反复琢磨。大气压力在我们的日常生活中发挥着很大的作用，但平时人们往往对它"视而不见"，甚至察觉不到它的存在。于是在备课时我就想：有哪些方法能让学生深刻地感知"大气压力"的作用呢？

"注射器吸水"实验的改进，是我想出的第一种方法。

注射器是学生爱玩的，如果要让水进入注射器，学生采用的操作方法通常是把管口放进水里，抽动活塞，水就被吸进去了。学生总认为是自己抽动活塞时产生一种吸力，把水"吸"进去的，压根不会想到是大气压力在这儿起了关键性的作用。但如果老师在上课时直接对学生说，"你们的想法错了，这是大气压力的作用"，孩子们才不会相信呢。作为老师，我得想办法让学生先产生认知冲突，再帮助他们解决冲突，然后在此基础上建构正确的概念。

于是，我想出了一种注射器吸水的新玩法：先用左手手指堵住注射器的管口，右手抽拉活塞，使套管内形成负压；然后，将注射器放入水中，一旦左手的手指离开管口，大气压力便会把水压入注射器。

这个实验现象对于帮助学生理解大气压力的作用起到了一定的作用，但仅凭这一点还不够，我又设计了第二个实验：难以拉开的吸盘（模拟马德堡半球）。

马德堡半球模型是中学物理课上的实验器材，对于小学的课堂来说，要弄到抽气机将两个半球里面抽成真空，有很大难度。我想到了一个变通的办法，从超市里买来一些近似半球形的、软塑料制成的吸盘，将其两两相对重叠，挤出里面的空气，使两个吸盘紧贴在一起，然后，请学生向两边拉吸盘中间的钩子，很难拉开；但如果请大气压力帮忙，只需一点空气进到其中，两个吸盘便很快分开了。孩子们拿着材料反复实验多次之后，对大气压力的作用有了较深的体验。

为了让孩子们进一步理解大气压力在日常生活中的应用，我又设计了第三个特别的实验装置——吸不出水的瓶子。

这套装置是特制的，将一个锥形瓶和配套的橡胶塞洗净消毒之后，往瓶中装入可饮用的糖水；然后，将一根干净的吸管插入胶塞上事先钻好的小孔中，再将胶塞塞紧锥形瓶的瓶口，将吸管的下端伸进锥形瓶的液面之下。

上课时我将这瓶特制的糖水装置拿出来，告诉学生：这个瓶里装的糖水是可以喝的，但是，如果没有大气压力帮忙，你们用再大的力气也很难将糖水吸出来，哪位大力士愿意上来挑战一下吗？

　　还真的有许多学生不相信瓶子里的水会吸不出来，一位大个子同学自告奋勇，愿意一试。只见他含住吸管使劲吸着，吸管全部瘪了，可是水没出来；再次用更大的力吸，依然没把水吸出来。至此，同学们相信了老师刚才说的话，必需请大气压力帮忙才行，他们也想出了办法：将瓶塞打开，让空气进去，就可以了。于是，在全班同学的见证下，大个子同学打开瓶塞，轻轻吸一口，便喝到了糖水。此时，我顺势追问：既然我们用吸管喝水或其他饮料时，需要依靠大气压力的作用，那为什么我们还要用力吸呢？"吸"在这里起什么作用？大个子同学对此感受最深，他告诉同学们说："吸的作用是把管内的空气吸走，此时大气压力就会将水压入吸管，被我们喝到……"

　　借助三种自制的实验材料，学生对"大气压力"这一抽象难懂的内容加深了理解，还觉得上这一课很好玩、很有趣。

## 三、会旋转的喷水瓶

　　往一个塑料瓶中装满水，拎起瓶口上的绳子，瓶子底部的几个小孔从侧面喷出水柱，同时瓶子往喷水的反方向旋转起来……这是我于2000年上五年级"反冲"一课时，为学生自制的实验材料，每组一套。

　　当时为了制作这份实验材料，我真的想了很多办法。

　　首先我找学校的清洁阿姨要了一个可乐瓶（底部凹陷有四个角的那种），自己试做了一下，觉得效果不错，决定批量制作。可是，上哪儿去弄这么多的这种饮料瓶呢？一贯遵循节约环保理念的我，是不会学土豪做派、直接去超市买回一箱饮料取其瓶子来用的。当时恰逢学校开运动会，允许学生带零食和饮料到校，于是我灵机一动，想到了一个"废物利用"的好主意。我先到学生中转了一圈，收集到了几个符合要求的空瓶子；然后，我拿着样本，动员几个学生去帮我收集。有学生不解地问："老师，你怎么变成捡垃圾的了？"我无语，只能告诉他们：老师会"变废为宝"，用这些垃圾来制作成你们上课的实验材料。的确，作为科学（自然）老师，很多时候都会"捡垃圾"，在别人眼里是没用的该丢弃的垃圾，在我的眼里却是有用的实验材料，都要捡回来放起来，说不定啥时候就能派上用场了。

　　在学生的帮助下，我收集到了足够多的符合实验需要的饮料瓶，又找来电烙铁、绳子、剪刀等工具，开始进行制作。

首先要将瓶子的上 1/3 剪掉，留下近似圆柱体的部分；接着，在瓶身上部等距离钻三个小孔，穿上线，打上结，这样可以方便学生用手提着瓶子；第三步（也是最重要的一步），用电烙铁在瓶底的侧面打四个喷水孔，孔的大小、高度要一致。要使四个孔喷出的水柱都朝着同一个方向，必须在制作完成之后装水进行测试，不合格的，得弃用重做。为帮学生制作这一套实验材料，周末我花了大概一天的时间，中途还请了老公过来帮忙。话说那个时候，我的周末时间用来加班备课，或是制作实验材料，已是家常便饭了，虽然没有加班费，但所做的实验材料能让学生喜欢、能有好的教学效果，自己也觉得值了。

在上"反冲"这一课时，我还将课本上的"气球反冲实验"进行了改进：将吹满气的气球固定在一根铁丝轨道上，气球嘴那里加一个控制阀（可调节气体的排出速度），当打开气阀时，里面的气体喷出，气球就往反方面运动，这可以让学生清楚地观察到反冲运动的特征。如果不作此改进，就像课本上所画的图那样，将气球发给学生，让他们吹气之后放开，观察气球的运动，那样的课堂会乱成一团，不可收拾，主要原因是：第一，气球到处乱飞，学生就会满教室找自己的气球；第二，气球放气的速度很快，且运动方向不规则，往往呈旋转式的运动，不利于学生观察和发现反冲运动的特征。由此可见，教师在使用教材时，有必要根据实际情况进行改进和创新。

# 四、自制"热气球"飞上天花板

"热空气"是五年级以前的《自然》教材中的一课（注：新出版的教科版三年级"空气"单元中也有这一课了），主要内容是让学生知道热空气会上升，热气球正是利用了这一特点来工作的。2001 年我在备这一课时就想：如果仅仅只提供热气球的照片给学生看一看，再讲一讲原理，总觉得"火候"不够，如果能让学生现场做一个模拟的热气球并真的能飞起来，那才真的过瘾。有了这个想法之后，我开始了探索性试验。在经过了几次失败之后，我终于找到了一个成本不高、学生能自己操作的方法：往一个金属小碟子里倒入 80~100 毫升的酒精，一个同学将塑料袋（当时用的是 40×50 厘米的"背心式"垃圾袋）抖开，口朝下放于碟子上方，离碟子约 30 厘米，与此同时，另一个同学点燃火柴，并将火柴丢进碟子里，此时酒精燃烧起来，产生较大的火焰，并有大量热空气往上升，使刚才还是瘪瘪的塑料袋迅速鼓了起来，并有一股力将塑料袋往上拉。

等塑料袋充满热空气之后，松开手，此时能见到塑料袋直直往上飞去，一直碰到天花板之后才又慢慢降落下来……看到自己小组的"热气球"真的飞起来，孩子们手舞足蹈开心极了！多年以后，当这班孩子回母校看我时，还记得这一次有趣的实验。

但其实，让孩子们分组做这个实验，我这个老师可是承担了相当大的风险的，如果稍有不慎，可能会出安全事故，我很清楚这点。但如果怕出问题就把一些带有危险性的探究机会砍掉，这似乎也不太妥当。好在那时候班额不大，每班学生三十几个，最多不超过四十人，做实验时只有8~10个小组，这就便于老师掌控全局、及时发现并解决学生实验中出现的问题。最重要的是，在课前，我做好了应对意外情况的各项准备：首先，提前培训小组长，训练他们掌握操作要领及遇到意外情况时的应急处理方法；其次，每组桌上都放了一条湿毛巾；再次，实验前对全班学生进行安全教育，强调操作规则及注意事项。由于做足了准备工作，这个看起来有些"疯狂"的实验得以顺利完成，没有出现安全方面的任何问题。

# 五、"变"出纸上的字

"食物的营养"是一个经典课例，无论是以前的自然教材还是现在的科学教材上都有。2002年我在上这一课时发现，用碘酒来检验食物中是否含有淀粉这一营养成份，是学生喜欢做的一个实验。该项实验没什么难度，只要注意实验材料的取样及留样对比就可以了。

这一课中值得研究的地方在于课后拓展实验：教材建议学生在课后玩一玩"用淀粉在白纸上写秘信"的游戏。初一看，觉得这个游戏很简单，就是利用"淀粉遇碘酒变蓝色"的原理，将白纸上事先用淀粉写的字显示出来而已。按惯例，凡是打算让学生做的实验，我自己都会先试做一次，这个实验也不例外。我先配制了10%的淀粉溶液，拿毛笔蘸上之后，在一张A4白字纸写下了几个字，等干，看不出淀粉的痕迹了，然后拿出碘酒瓶，用棉签蘸了涂上去……满以为只有用淀粉写了字的地方变蓝色的，殊不知，凡是碘酒涂到的地方，全都变成了蓝色！怎么会这样？难道白纸本身就能与碘酒反应产生颜色变化吗？我又找来几张白纸，直接拿碘酒在上面写字，呵呵，真的就写出了蓝色的字了！再找来其他的纸，如学生的作业纸、报纸、书页纸等等，试过之后发现，它们遇碘酒都能变蓝色！

我推测，这些纸的原材料中可能含有淀粉或类似淀粉的物质？或者这些纸在生产制作时可能添加了淀粉类的物质？不然的话，就不可能出现碘酒遇白纸变蓝色的现象。

但是，既然教材上面介绍了这个游戏，说明肯定有某一种白色纸是不会与碘酒直接发生变色反应的。那么，教材编写者所说的"白纸"到底是哪一种呢？教材上没答案，教师用书上也没答案，看来我只能自己去寻找答案了。

下班后，我去到了离学校不远的某书城，将那里的各种纸分别买回几张，逐一进行试验，最后终于发现：有一种商品名称叫做"描图纸"的、呈半透明状的纸，滴上碘酒后不会显蓝色！看来我的猜测是对的，不同的纸，其原料成分或制作工序肯定是有差别的。

找到了合适的纸，我又开始思考怎么用好这张纸，我要采用一种新奇的方式将"纸上写秘信"这一游戏内容呈现出来，以便让孩子们留下深刻的印象。

几番思索之后，我想出了一个好点子。

我将买来的描图纸裁成合适的大小，拿毛笔蘸上事先配制好的淀粉溶液，写上了"碘酒"两个大字，放干，纸上看不出写过字的痕迹。又去校医室找来长棉签，将上面的棉花增多一些，备用。

上课时，当进行到"怎样检验食物中的淀粉"这一内容时，我故意卖了个关子，没有直接告诉学生，而是打开实物投影，将那张事先写了字的描图纸放上去，对学生说："实验的方法，我提前写在这一张纸上了，你们自己看吧。"

学生看一眼屏幕，愣了一下，说："老师，你弄错了吧，这纸上没写字啊！"

我故作惊讶地说："没写字？其实我昨天在上面写了字的，只不过你们看不见它而已，不急，待老师变个魔术，立马就能让它显现出来，请看——"我边说边从碘酒瓶中拿出长棉签，横着在纸上一刷，只见两个蓝色的大字"碘酒"依次呈现在屏幕上。

"哇，好神奇哟，老师，你这是怎么变出来的？"

"先不告诉你们，猜猜看……"

……

以出乎学生预料的方式呈现一种实验现象，会让他们印象深刻，让他们觉得新鲜有趣；同时，老师的这种不同于教材的新做法，也会在学生心里播下创新思维的种子。

# 六、"为啥我们的土豆浮不起来呢？"

——"马铃薯在液体中的沉浮"一课的教法创新

"马铃薯在液体中的沉浮"对学生来说是一节很有趣、很好玩的课，通过课前调查，我发现，有53%的学生通过预习或是从其他途径已经知道了，教材中那盆能让马铃薯（本地通常叫做"土豆"）浮起来的液体，是盐水。通过进一步的访谈了解，我发现很多学生存在以下两种看法：1. 只要在水中加些盐，就能让土豆浮起来，加多加少，似乎不重要；2. 往水中溶解别的物质（比如白糖或味精等），不确定能让土豆浮起来。

针对调查了解的情况，我在设计这一课时，决定来些创新，要通过一种特别的方式，将学生头脑中错误的前概念呈现出来，再让他们自行修正，建构正确的概念。

要达到这一目的，我从以下两方面下了不少功夫：

图3 作者利用周末时间在实验室准备材料

## （一）做好充分的课前准备

1. 去超市买了一些体积小的土豆，方便学生进行操作。

2. 精确测量并计算出这些土豆的密度。

我从买来的土豆中挑出了几个作为样本，编号，先用天平分别称出它们的质量（图3），再用"阿基米德原理演示器"精确测量它们的体积，然后算出它们的密度，取密度最大的那个，作为参照值。

3.确定烧杯中水的量以及食盐的量。

作为科学老师，我清楚地知道土豆在液体中由沉变浮的基本原理：当往水中溶解了一定量的食盐之后，盐水的密度会增加，这就导致盐水的浮力增大，当土豆在盐水中所受的浮力大于其重力时，就能浮起来了。根据我测量的数据，土豆的密度在1.2g/ml左右，那么，水中溶解的盐或其他物质要足够多，使溶液的密度大于土豆的密度，才能让土豆由沉变浮。根据这些数据和土豆的大小，我决定用100毫升的烧杯装50毫升的水来给学生做这个实验，另外用一个小杯来装盐，每组的盐量在12克左右（不少于10克）。在为小组准备材料时，我特地安排了对照组，让相邻的两个小组为"一对"，奇数组的盐量为12克，偶数组的盐量为8克；另外还有一个小组，用足量的白糖（约15克）替换了盐；此外，还为偶数小组另外准备了小半杯盐，单独放在一边。

当这些材料准备好之后，我自己先测试了一遍，以保证实验组和对照组都能达到预期的效果。

### （二）经历曲折的教学过程

上课了，我在讲桌上放了外观相同的两大杯透明液体，将同一个土豆分别放入两杯液体中，土豆一沉一浮，此时学生并没有觉得特别好奇，他们指着那杯能让土豆浮起来的液体说："早都知道啦，那里面是盐水。"我没有多说什么，就让他们自己来做实验，往水中加盐，让土豆浮起来。不过我事先提了一个要求：对实验材料要节省点用，每次只能加入盐杯中一半的盐，搅拌，等完全溶解后再加剩下盐量的1/2，如此继续。

几分钟以后，只听到小组号为奇数的一些同学惊喜地叫起来："浮起来啦！""浮起来啦！"成功的喜悦挂在他们脸上，开心极了。但用糖做实验的小组，因糖溶解的速度较慢，加了几次糖，土豆依然没浮起来，我鼓励他们坚持，继续加糖溶解。再看偶数小组的同学，他们的脸上挂满失望，因为他们将所有的盐都溶解完了，土豆依然没有浮起来，于是就有同学问我："老师，为啥我们的土豆浮不起来呢？"

此时，我请同学们暂时停下来（除了加糖的那个小组继续实验之外），让偶数组的同学分析一下他们的土豆浮不起来的原因。一个同学说："可能是我们的土豆比较特别？"我拿起他手中的土豆，放到奇数小组的盐水中，土豆浮起来了。不用我解释，同学们就知道，刚才提出的假设不成立，土豆没有什么异样。

这时，一个坐在材料桌旁边的同学说："老师，我觉得可能是加的盐不够多。因为在发材料之前我就发现了，奇数组的盐杯里的盐都比偶数组的要多一些。"我表扬了这个同学敏锐的观察能力，然后对那几个偶数组的同学说，抱歉，原来是老师给你们几个组的盐不够，这样吧，再给你们一些盐，你们继续实验，看土豆能否浮起来；奇数组的同学，你们把剩下的盐全部加进去，搅拌溶解，看土豆能否浮出水面更多一些……"

又过了几分钟，偶数小组的土豆全部浮起来了，奇数小组的土豆浮得更多了；用糖做实验的小组，土豆也浮起来了。我请用糖做实验的这个小组走上讲台，向全班同学分享的他们的实验过程和结果，并提议同学们回家以后都去试一下。

实验结束了，在分享和交流环节，同学们的发言可谓精彩：

"我原以为，只要在水中加盐就能使土豆浮起来；通过今天的实验，我知道了，水中溶解的盐必须足够多，才能使土豆浮起来。"

"我原以为，只有在水中加盐才能使土豆浮起来；现在看来，除了加盐，别的物质也是可以，只要一种物质在水中溶解得足够多，浮力足够大，就能使土豆浮起来。"

"当土豆浮起来之后，继续加盐搅拌，能使土豆浮出水面更多一些。"

……

听着同学们的总结，我感到非常欣慰，能让他们自己发现错误并纠正错误，这样的学习经历，相信会让他们印象深刻。


# 七、一项"专利"的诞生

曾几何时，"专利证书"于我来说是那么的"高大上"、那么的遥不可及；但后来，在我进行教学实验材料创新的过程中，我居然也申请到了一项专利，拿到了国家知识产权局颁发的专利证书（图4），这也可以算得上是意外的收获吧。不过，这项专利的诞生过程可谓是充满曲折、历尽艰辛，遇到的问题层出不穷，我靠着一种坚韧不拔的毅力才坚持到了最后。

图 4 国家知识产权局颁发的专利证书

这件事的起因要追溯到2013年我在执教五年级的"阳光下的影子"这一课时所遇到的问题。"阳光下的影子"一课的主要内容是：让学生用一支铅笔竖着固定在白色纸板上，放于太阳下观察杆影的变化，每隔10分钟观测一次；另外，下课后利用课间时间继续观测，以期发现一天中杆影变化的规律；进一步，通过一年的连续观测，发现同一物体的杆影在一年中变化的规律。

起初，我也是老老实实地按照教材来上这一课，带着学生到太阳下观测铅笔的杆影，可是全年级 7 个班上下来，遇到了各种问题，让我沮丧到极点。

问题一：要看老天爷的脸色。只有晴天，才能安排上这一课，可就算是晴天，也不一定能顺利地上课。记得有一次，上课前阳光灿烂，我也做好了十足的准备，但等我把学生带到室外时，天空飘来一朵云，突然遮住了太阳，根本看不到影子，只能等啊等，好不容易太阳露脸了，可是下课铃却响了，不得不让学生收起材料回到实验室。这让我非常沮丧，但又无能为力。

问题二：上课的地点不好安排。一个年级有那么多个班，不同班级的科学课总要安排在不同的节次，有的在早上，有的在下午。那么，老师在选择室外的观测地点时就很犯愁，学校的操场通常被上体育课的班级占领了，而且操场离实验室的距离较远，课堂时间有限，去那里不太合适；而实验室外面的空地，又时常被周围的建筑物遮挡，多数时段没有太阳，这就不利于观察阳光下的影子。

问题三：学生的课间观测活动难以实施。五年级学生的教室通常位于教学楼的高层，课间10分钟，孩子们要上厕所、要喝水、要赶去功能室上别的课，甚至有时候还要用来补作业，很难做到像教材上所说的那样"每节课下课之后利用课间时间观测影子的变化"。

为了解决上述这些问题，我想到了模拟实验。我设想，如果有一种模型，能够模拟太阳在天空中的运行轨迹，就能观测到底板上的杆影在一天中的变化情况了。

话说，"理想很丰满，现实很骨感"，要想得到这样一个理想的模型，真的不容易，在网上搜索许久，没能找到满意的产品，只能想办法自己研制了。由于小学科学实验室现有的仪器设备通常比较简陋，这就注定了我的研制过程会历经坎坷：

### （一）实地观测影子

一天中影子的变化规律到底是不是像书上描述的那样，只有自己实测之后才心中有数。那年的国庆假期，天气晴好，我没有外出度假，而是待在家里做"日影变化"的观测实验。我找来一大块白色的硬纸板，在上面粘了一个螺丝钉，让其立于纸板之上，再找来一个指南针，一个简易的"日影观测仪"就做好了。从早上6点到下午6点，我将这一设备放在家附近有阳光的地方，以指南针确定方位，每隔一小时，测量一次螺丝钉的影长和方位，将影子画在纸板上，同时将我的手表（用来计时）放在旁边，再用相机拍下影子的照片（图5）。

图5 观测影子的照片之一

这一项观测活动实施起来还真不容易，有时忙于别的事情，错过了时间点；有时天公不作美，到了该观测的时候，太阳突然就不露脸了；再加上周围建筑物的遮挡，早上 7 点前和下午 5 点后都很难测到影子。

　　尽管有多种困难，我还是利用几天的时间，总算观测到了早中晚不同时间段同一物体的影子，积累了第一手资料。

　　在这几天的观测过程中，有几个现象引起了我的注意：一是，每天中午 12 点的时候，杆影并不是在正北，我观测到的杆影到达正北的时间，大约是 12 时 24 分；二是，不同天的同一时间，同一物体的影子，方位会有略微的变化，这是怎么一回事呢？由于我之前没学过高中地理，对这些现象无法给出合理的解释。

### （二）恶补地理知识

　　我从书柜里找出儿子用过的初中、高中的地理教材，认真研读；遇到不懂的问题，通过 QQ 向一个在中学教地理的朋友请教……通过一番钻研，我不仅找到了上述问题的答案，而且在这个学习的过程中，进一步弄清了"经度""纬度""天球""太阳周日视运动轨迹"等专业词汇所代表的意义。有了专业知识武装头脑，我对自己想要制作的模型，有了初步的构想。

### （三）试制与改进模型

　　模型的 1.0 版，命名为"深圳地区日影变化演示器"（图 6），设计和制作比较简单，用 KT 板喷绘了一个圆形底板，标明了方位，在底板的圆心处立了一根短木杆；另外，从网上淘到了一个直径大小适宜的半球形透明玻璃罩，代表"天球"，以手电筒作为光源来模拟太阳，然后根据深圳的纬度，在天球上画了三条轨道线，分别代表"冬至""春分"和"秋分""夏至"这 4 天太阳在天球上的视运动轨迹。学生实验时，只要将手电筒的灯泡沿天球上的轨道线自东向西慢慢移动，就能看到底板上木棍的杆影自西向东相应地移动，同时影子的长度也在发生变化。这个 1.0 版的模型帮助我在深圳市小学科学教师实验操作与创新能力

图 6　1.0 版日影变化演示器

竞赛中获得了一等奖；同时我也得到了参加省赛的资格。

为了在省赛中取得好成绩，深圳市小学科学教研员童老师对几位参赛选手进行了培训和指导，其中，他对我的这一模型提出了如下改进意见：1. 要突破地域的限制，不能只模拟深圳地区的影子变化，要全国各地都能适用；2. 模型要做得更大一些，要让现象变化更明显更有震撼力。

根据童老师的建议，我得对模型进行改进，做出它的 2.0 版，但这次的改进可真不容易，最大的问题是：如何根据全国各地的纬度来调整天球上"太阳周日视运动的轨迹"？这意味着，像 1.0 版模型那样在天球上直接画轨道线的做法是行不通的，必须另外附加透明的轨道线，而且轨道线还要能够任意调节位置且能固定在天球的球面上。不仅如此，轨道线在天球上的位置还得根据当地的纬度来确定，如何才能精确定位？这也是一个难题。那段时间，这两个难题一直萦绕在我脑中，令我昼思夜想、寝食难安。

通过在网上搜索，我买到了一个尺寸够大且很透明的半球形有机玻璃罩，用它来做天球模型，效果很好；随后，在一个朋友的帮助下，我找到了一种透明有机玻璃细管，弯成弧形，来制作天球上春秋分的轨道模型，因为春分和秋分这两天，太阳直射点在赤道，地球上各地的昼弧和夜弧等长，所以这条轨道的长度可以做成固定的；但冬至、夏至这两天昼弧的长度却有很大变数，由于各地的纬度不同，昼弧线的长度是不同的，所以这两条轨道线必须做成长度可调节的。我从网上买到了透明的弹力丝线来制作天球上冬至及夏至的轨道线。可是如何才能方便地调节冬至和夏至两条轨道线的长度呢？有一天我看到了老公运动服上面的弹力扣，它可以方便地调节绳长，我顿时有了灵感，从网上买到了几个很小的透明的弹力扣，加在丝线的两端，就能方便地调节这两条轨道线的长度了。

接下来要解决的问题是，如何将这些轨道线固定在天球上？粘合的方法显然行不通，因为轨道的位置要根据需要来变动。怎样才能既方便固定、又方便移动呢？我盯着这个半球形玻璃罩，陷入了沉思。突然，脑海中冒出了一个情境：以前做大气压力实验时用过的吸盘，黏合起来很紧，要拆开也很容易，用吸盘放在这个光滑的玻璃球面上，利用大气压力的作用来固定，应该可行吧？这一想法让我倍感振奋，下班后，我直奔超市，去寻找合适的透明吸盘，大大小小的各买了几个，然后返回实验室，试了一下，果真可行！又一个难题解决了。

随着这些问题的解决，我的信心大增，继续攻克最后一个难题：如何根据当地的纬度来确定天球上轨道的倾斜角度？我设计了多种方案，在底板的东西两侧各立一个量角器，是我的方案之一，试了一下之后，被我否定了；最后我想出了将球面的弧长转化为角度的方法，即，先量出从地面到天球顶点的弧长，将此长度等分为90份，对应的角度即为0到90度，我请人将此刻度印制出来，贴于软尺上，再利用一个很小的透明轮轴装置，制成了一个可以伸缩的"角度尺"，要用的时候将角度尺拉出来，帮助确定轨道的位置，用完后，转动把手，将轨道尺收起来。

当这一切的难关都被攻克之后，我又重新设计了一个底板，除了标明东南西北四个方位之外，我还在底板的南边画上几把厘米尺，便于测量影子的长度。最后，找朋友帮忙，将整个模型制作完成了。这个2.0版的"日影变化演示器"（图7），帮助我在广东省小学科学教师实验操作与创新技能大赛中一举夺得一等奖和创新奖两个奖项。

图7 模型的2.0版

后来，我又对这个模型进行了改进，将底板上的几把厘米尺改为了以厘米为单位刻度的同心圆，还将底板上从东到西的180度方位也进行了等分，并且将那条春秋分的轨道等分为12个刻度，每一个刻度代表1个小时，从东到西依次为早上6时到晚上6时，这样就可以很方便地测量出当地每个整点时的影子长度及方向。这便是我制作的"日影变化演示器"的3.0版（图8）。

图8 日影变化演示器 3.0 版

### （四）异地同步实测，验证模型的准确性

这个模型所模拟出来的影子变化是否与真实情况相接近呢？需要验证一下。在童老师的帮助下，我与在北京小学教科学的张老师取得了联系，我们约定，在秋分那一天，用同样长的木杆立于两地的阳光下，于10点、12点、14点、

图9 北京小学的学生测量影子

16点这四个时间点分别测量影长及方位，并拍下测量的视频及照片（图9和图10）。

那天天公作美，深圳和北京两地都是晴天，我和张老师一早就相约按时进行测量工作，一天的测量完成之后，我们共享了两地的测量资料。通过比对，我发现两地实测的数据与我

制作的日影变化演示器模拟出来的数据非常接近，说明我制作的这个模型是成功的。

图 10 深圳宝安小学的学生测量影子

### （五）申请专利

经过多次的改进和试验之后，申请专利便是水到渠成的事了。我从网上联系了一家正规的专利代理公司，经过多次沟通之后，完成了专利申请文书的整理及其他相关工作，大约 8 个月之后，看到了国家知识产权局官网上的公示，我申请的这项"实用新型专利"获得批准了。不久，专利证书也寄到了我的手上。

从仰望专利，到获得专利，所经历的这一切让我想到了毛主席说的那句话：世上无难事，只要肯登攀！

# 八、"手被电到了，怎么办？"

—— "电磁铁的磁力"一课中的创新做法

"电磁铁"是六上科学课中比较好玩的内容，恰逢学校举行教学开放日，按教学进度，该上"电磁铁的磁力（一）"了，我提前两周就开始准备实验材料，跑五金店、上淘宝网、向学校申请电池……经过多方准备之后，教学效果不错，尤其是以下两处创新点，让我觉得很满意。

### （一）让学生自找身边的材料解决实验中的问题

由于在本单元的前两课中学生已经知道了电和磁的关系、电磁铁的组成，对电磁铁已有了基本的认识，所以，本课一开始，我让学生利用老师准备好的材料，两人一组制作一个电磁铁，并试着去吸小铁圈，看能吸起几个。课前我给学生准备这份材料时，故意将不同组的材料弄得各不相同，比如铁芯的粗细、导线的粗细和材质、电池的型号和品牌等等，以期望他们能有所发现。不出我所料，由于有了任务趋动，学生很快就投入到了实验操作之中，同桌两人的合作也很好。

很快，问题就出现了：由于是短路连接，要去吸起铁圈，按住电池两端的手会觉得烫，于是一些学生就开始"嗷嗷"叫，然后向老师提出这一问题，希望老师帮忙解决。我早就料到了学生会这样，也心里有数，知道一节电池（而且是用过的旧电池）不会对学生造成伤害，便要求他们自己想办法，并说相信他们一定能解决问题的。

在这种情况下，学生的自主性真的发挥出来了，有的从口袋里掏出纸巾包住手，有的拿书页纸隔着，还有的把衣服的袖子拉长当手套……我看了以后偷笑了，忍不住为自己的这一设计自豪：能让学生自己去想办法解决一些力所能及的问题，远比老师包办一切的做法要好！

几分钟以后，各组都完成了操作，成功吸起了或多或少的小铁圈，从数据的比较中，学生发现了电磁铁的磁力大小有区别，通过观察各组的实验材料，他们很快发现了"材料"的区别，从而在讨论电磁铁磁力大小的影响因素时，很顺利地就想到了"线圈""电池""铁芯"等几个方面的因素。

### （二）设计了可移动、可重复使用的数据汇总表

本次课的重点环节是通过对比实验，验证电磁铁磁力大小与线圈圈数有关。这一次实验，我给学生提供了规范的实验材料，包括缠绕圈数不同而其他都相同的两个电磁铁、两节没拆封的新电池、一盒大小相同的小铁圈，另外，为了方便学生操作，还提供了我从网上购买的指套。当每个小组的学生得到了两个电磁铁吸起铁圈的数据之后，需要将全班各组的数据汇总，以便发现共同的规律，这是形成科学结论的重要前提，也是培养学生科学素养的重要环节。以往所用的汇总表，要么就是在黑板上画一个表，要么就是在白纸上事先画好表格，然后往上填数据，但这些方法都有其弊端，用起来不太方便或者是不能重复使用。

这次我对汇总表的材料进行了改进，将买来的白色软磁片裁成合适的长条形，用黑色的大头笔写上组号，并画上两条分隔线，再用一张 A4 纸打印好表头的几个字，将两项组合起来，便制成了一个可以移动的汇总表了（图 11）。考虑到同个年级有多个班，需要重复使用，我又想了一个办法，用宽的透明胶

将整个软磁片覆盖起来，另备黑色白板笔给学生填写数据。这样，当一个班用完之后，只需用毛巾轻轻一擦，白板笔写在透明胶上的字便全都被擦掉，又变成了空白表格，可以给下个班使用了。

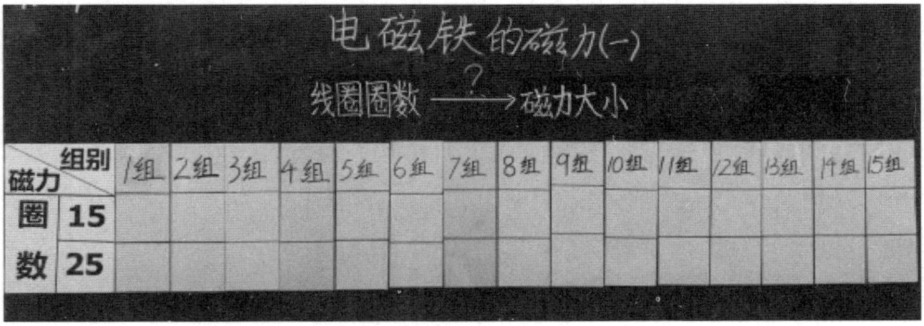

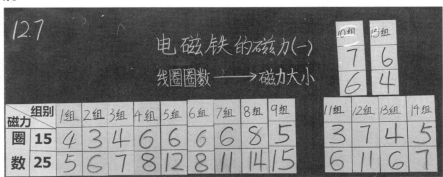

图 11 自制可移动的汇总表

不仅如此，这种组合式的数据汇总表还有一个很大的优点是：方便对数据进行分类，尤其是在出现异常数据时，通过移动软磁片，就可找出异常数据及其小组，从而有针对性地进行分析。

当同学们发现这两个小组的数据有问题之后（图 12），老师请组长分析一下问题产生的原因，也肯定了他们实事求是记录数据的做法，并请他们下课后重做一次实验。这样的数据分析过程对学生科学素养的形成起到了较好的促进作用。

图 12 找出的异常数据及其小组

## 九、奖励实验——神奇的变色现象

有次在六年级上"物质的变化"单元的某一课前，我预感到此课的内容比较简单枯燥，学生不一定有兴趣，而且我的科学课都排在第四节或是下午，学生的精神状态较差，难以集中注意力，便想着要给他们增加点好玩的内容。考虑到本单元的教学内容是"物质的变化"，其中也涉及到化学变化中的变色现象，于是，我提前配制了一大瓶高锰酸钾溶液，又去校医室弄到了一盒 VC 片剂，自己先试做了一下，两者混合后的变色现象非常明显。于是我决定把这一有趣的实验作为奖励，凡是在课上能按要求完成学习任务的小组，都有机会玩一玩这个实验。当然，为了实施这一计划，我在准备这一课的实验材料时，多花了一个多小时，额外准备了 15 套"变色实验"的材料。

上课了，我先请学生看一段提前录好的小视频：在一个小烧杯中装有半杯透明的紫色液体（溶质为高锰酸钾），我事先在烧杯底部加入了半片维生素 C 片剂（画面上看不见），此时我让画面暂停，对学生说："老师刚刚学了一个魔术，今天演示给同学们看一下……"听到这句话，同学们的注意力很快被吸引过来，用半信半疑的眼神看着我。见预期的效果达到了，我提醒同学们盯着屏幕看，不要眨眼睛，然后继续播放视频。从画面上看到，老师手拿一根玻璃棒搅拌烧杯中的液体，神奇的现象发生了——随着玻璃棒的搅动，烧杯里液体的颜色开始变化，从一开始的紫色，很快变成了棕色、淡黄色，最后变成了无色……

看到这里，同学们都不淡定了，有同学情不自禁地鼓起掌来，还有同学举手提出问题：

"老师，这是发生了化学变化吗？烧杯里加了什么物质？"

"老师，这个实验真好玩，能给我们做一次吗？"

趁着他们的好奇劲儿，我说："这个实验不是课本上的内容，属于奖励性的，只要满足这样两个条件的小组，就可以得到这项奖励材料去自己操作。第一个条件，在听课过程中，小组没有因为违纪而被扣分；第二个条件，在规定的时间内全组正确完成本课的学习任务。"

说到这里，我明显地感到，同学们的精气神足了很多，在后续的学习过程中，无论是听老师讲解，还是小组实验、观察记录、完成作业等活动，效率都非常高，绝大多数的小组都在规定时间内正确地完成了学习任务，领到了那份奖励性的实验材料。当他们把那一小块白色的片剂放入装有紫色液体的烧杯中搅拌一会儿之后，神奇的变化就呈现在他们的眼前。

下课铃响了，孩子们还意犹未尽，他们围到讲台前，缠着我问，那个能使高锰酸钾变色的物质是什么，我没有直接告诉他们答案，而是给他们提供了找答案的方法，由他们自己去寻找。

上完这一课，我在想，科学课上的评价性激励手段，也得具有创新性，要体现出科学课的特色。

# 十、显微镜下的有趣发现

六年级《科学》下册"微小世界"单元中要用到显微镜来观察细胞结构以及观察水中的微生物等。教材上的显微镜还是那种老式的，要靠反光镜来增加视野的亮度。

我在教学中发现，用这种显微镜教学存在以下问题：

**（一）不能随心所欲地观察身边的物体，让学生很失望**

对于小学生来说，他们有着很强的好奇心，拿到显微镜时，最想观察的是身边那些熟悉的物体（如衣服布料、纸张、手指头、头发等）在显微镜下是什么样子的，可是用这种显微镜，却是什么都看不到，无法满足孩子们的好奇心。

**（二）光线不足，增加了操作的难度**

对于学生人数已达 60 人的大班额来说，实验桌上如果没有照明灯，仅靠头顶的日光灯照明，用这种显微镜做实验的效果很不理想，学生在操作时经常因为光线不足而调不出要观察的细胞结构，或者是，由于同伴的走动挡住了光，原本已调节好的视野又变得模糊了，这使得课堂教学效率很低，大量的时间浪费在显微镜的调试操作上，真正用来观察的时间不多。为了改变这种状况，有一次实验时，我给每个小组增加了一个小手电筒，让他们用手电筒直接给观察区域补光，操作的难度是降低了，但麻烦也来了，几个调皮的孩子趁老师不注意，拿着手电筒去照别人的眼睛，引发了同学之间的小摩擦，这让我再次思考材料改进的问题。

再教六年级时，我决定购买自带光源的新型显微镜。在网上搜索了一番，发现了一款自带光源、价格便宜、操作很方便的手持式显微镜（图 13）适合给小学生使用，便直接买回六十多个，上课时人手一个，每人都有机会操作，效率大大提升。

不仅如此，这种新型手持式显微镜，因自带光源，操作简便，学生可以随心所欲地观察各种物体，有了很多有趣的发现：

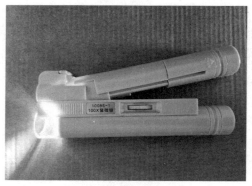

图 13 新型简易显微镜

### （一）衣服布料上的奇妙纹路

将这款显微镜直接对着自己的衣服看，会发现衣服布料的纹路很有趣，而且不同布料的纹路不一样，有些聚酯纤维类的布料，能看到光亮的纤维交织在一起，很漂亮（图 14）。

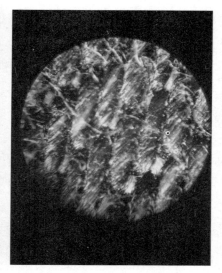

图 14 显微镜下的布料

### （二）单色纸上的不同色彩

用这款显微镜对准科学教材封面上的绿色部分，调好焦距后观察，发现肉眼看到的是绿色，在显微镜下却呈现出了蓝、绿、黄等几种颜色；再用显微镜观察其他单一彩色的部位，也同样能看到几种不同的颜色，这让学生直观感知了色彩的组合原理。

（三）人民币上的缩微文字

有一次上课时，一个学生在完成了规定的观察实验后，从口袋里摸出一张10元的人民币，放在显微镜下观察，然后告诉我说，看到了一些肉眼发现不了的细节。受这个学生的影响，我决定用显微镜好好观察一下人民币，这一下，我惊讶地发现：原来在人民币上藏有很多肉眼几乎看不见的缩微文字！不同面值的人民币，在固定的位置都能找到缩微文字，文字的内容，与面值相对应，以 2005 年版的人民币为例，在 1 元纸币上的毛主席头像背面的下方，就有两排缩微文字，上一排是"RMB1 RMB1 RMB1"不断重复，下一排是"人民币人民币人民币"不断重复，另外还有其他几处也能找到缩微文字；此外，在 5 元、10 元、20 元、50 元、100 元的纸币上也能看到多处的缩微文字。据资料介绍，缩微文字是鉴别人民币真伪的方法之一。为此，我专门设计了一节拓展课，引导学生观察人民币上的缩微文字，当孩子们利用显微镜看到了许多肉眼看不见的缩微文字及图案时，他们非常震撼，也非常开心！课后我找一些学生访谈，他们说，想不到人民币表面还藏着这么多秘密呢！显微镜好神奇，能让我们看到那么多肉眼看不到的东西！

图 15　显微镜下看到的 1 元纸币上的缩微文字

## 十一、让芽苗菜长成"字"

图 16 种出来的"字"

照片中的这些字（图 16），其实是用种子种出来的。这是我带着科学实验社的孩子们在进行芽苗菜种植活动时，额外开展的一项试验，经过几番摸索，终于成功了。在 2017 年 12 月学校举行的"素质教育成果展"时，我们科学实验社团展出的一盘盘绿油油的芽苗菜（图 17）受到了前来观摩的家长和来宾的广泛好评，"科学种植 绿色生活"这八个种出来的字，也成为我们这个展台的主题。

图 17 展出的芽苗菜及用芽苗菜做出的食物照片

　　"种芽苗菜"这一内容是为了配合我们学校将要进行的"素质教育成果展"而由学校统一安排的。最初领到这一任务时，我自己先做了一些功课，通过上网查阅资料，了解了关于芽苗菜种植的基本方法、注意事项、所需设备等。我在想：要进行展示，既要有规模效应，即要有很多盘长势良好的绿油油的芽苗菜；还要有创新点，要呈现独特的作品。这个创新点，我想到的就是让芽苗菜长成字的形状。

　　要种出一盘盘的芽苗菜，其实难度不大，因为网上可以买到种子、种植盘、喷水壶等成套的材料，也有教你种芽苗菜的视频，照着学即可；有难度的是如何在芽苗菜盘中种出字来？因为没有现成的经验可供参考，一切都要靠自己摸索和创新。一直以来都喜欢进行实验材料改进和创新的我，面对这一新问题，再次选择了"迎接挑战"。

　　当芽苗菜种植盘和种子买回来之后，我和我的搭档（另一位年轻的科学老师）便开始了种字的尝试。晚上的校园，静谧无声，但科学实验室里却是灯火通明，忙了一天的我们，还在这里进行着试验。我们从实验材料中找来了几块白色泡沫塑料板，用美工刀镂刻出几个字，再将这几块泡沫板分别铺在芽苗盘上，然后在字的镂空处铺上提前浸泡过的种子。由于不知道哪种种子适合种字，于是，我们分别选了不同的种子做试验。当种子铺好之后，我们按着网上学来的种芽苗菜的方法，在种子上铺上一层纸，在纸上喷一些水，再用纸板盖上，使种子处于黑暗环境中，便于催芽。随后，我们按时给种子浇水，通风，观察其生长情况。

　　几天以后，种子发芽了，长出了绿油油的叶子，基本上能看出字的形状（图18）。这一次尝试，让我们觉得"种出字"的设想是可行的，只不过，为了让字形好看，我们还得想一些办法，在细节上进一步完善。

图 18 第一次试验：种出"科"字

接下来，我根据芽苗盘的尺寸大小，在电脑上设计出了八个字（科学种植绿色生活）的大小、颜色、字体等，然后发给一家喷绘公司，请他们用亚克力板进行镂刻制作，并将做好的字模与芽苗盘粘合起来。"粘合"的做法是我们在上次试验之后想到的改进措施，如果不粘合，那些细小的种子会滚到字模与盘子的空隙中，最后会导致字形走样。

模板弄好之后，接下来的步骤是铺种子（图 19）。经过上次的试验，我们发现最适合种字的是鸡毛菜的种子，这种种子体积很小，长出的芽苗可以密密麻麻地挤在一起，使字形凸显。经过精心的护理，几天之后，字长成了，孩子们捧着自己亲手种出的字，脸上洋溢着成功的喜悦（图 20）。

图 19 在字模的镂空处铺满浸泡过的种子

图 20 种字试验成功了

# 十二、做个纸桥"晒"出来

## ——"用纸造一座'桥'"的新教法

教科版六年级上册《科学》第二单元的最后一课是"用纸造一座'桥'"，主要内容是：用一张报纸、少量的胶带建造一座"桥"，要求"桥"能跨越35厘米宽的"峡谷"，宽度大于10厘米，能承载质量约为200克的"车辆"或其他重物。很显然，这是一节以动手制作为主的课，最终的成果评价要看学生做的纸桥是否符合尺寸规格及承重的要求。

### （一）发现问题

前一年我在六年级的某班上这一内容时，安排了一节课的时间让学生以4人小组为单位进行制作，但教学效果不尽人意，存在的问题主要有以下方面：

1. 材料不齐

虽然课前布置学生要自备报纸、胶带、剪刀等材料，但到上课时一看，总有几个小组没带齐材料，弄到最后还得老师为他们补充材料；此外，纸桥完成之后要测量尺寸规格及承重情况，老师得准备定好间距的"桥墩"及重物，而实验室能提供的这些东西，品种不多，数量有限，有时难以满足多个小组同时测试的需要。

2. 方法单一

由于教材上对造桥的材料，桥的规格和承重量有严格的要求，许多学生觉得这个难度很大，不相信能造出这样的纸桥，为此，我在课前自己先进行了制作试验，并将制作成功的作品展示给学生看。这样一来，学生的信心虽然增强了，但一部分同学的创新思维也受到了限制，到最后学生拿出的作品，很多都是仿照老师的方法做的，缺少新颖性。

3. 成功率低

在课堂有限的时间内，当学生明白要求、看完老师的演示、备好材料之后开始制作时，剩下的时间往往不到半小时；组内有4个人，对于纸桥的设计方案，有时难以形成统一的意见；现在孩子的动手能力又不是很强……由于这些原因，当下课铃响时，全班只有几个小组完成作品，经检测之后能达标合格的作品就更少了。由于失败之后没有时间再次尝试，这就打击了一些学生的积极性，令他们感到失望。

### （二）我的改进办法

第二年再上这一课时，我改变了方法，把"做纸桥"这一内容作为家庭作业发布在班级群里，要求学生利用周末时间来进行这一制作活动，可以是 2~3 名同学合作，或是与家长合作，并要求将纸桥作品及承重情况以照片或小视频的形式晒在班级的微信（或 QQ）群里。

接下来几周的周末及平时放学后晚上的时间，班级 QQ 群里陆续有人 @ 我，孩子们的纸桥作品纷纷晒出来了（图 21）。由于环境条件具有多样性、指导老师具有多样性，所以学生晒出的纸桥作品也是各不相同的，"多样性""创新性"这两个特点，得到了充分的体现，具体表现在以下几方面：

1.桥的外形多种多样：从桥的外形来看，学生制作的纸桥有拉索桥、框架桥、拱形桥、吊桥等。

2.增加承重力的方法多样：从增加桥面承重能力所想到的方法来看，有的同学将报纸折成"W"形，有的同学把材料折成圆筒形再拼接，等等。

3.桥墩的做法多样：从桥墩的材料来看，有利用报纸专门制作桥墩的，也有直接拿厚词典或可以立着的容器等当桥墩的。

4.制作的场景多样：从制作纸桥的场景来看，多数是在家里制作，也有的是几个同学一起在小区花园里制作，还有的是和父母一起外出游玩时在公园的草地上制作。

5.测试用的物体多样：从测试桥面承重能力所采用的重物来看，那可谓是"五花八门""百花齐放"：有用水果的，有用瓶装牛奶或其他瓶装饮料的，还有用玩具的。更值得称道的是，为了增加承重能力，一些同学还想到了要将重物装在一个合适的容器里，再放到桥面上去，使压力均匀分布。

6.学生的体会更深刻：一些同学在经过多次失败的尝试之后，情不自禁地在纸上或是直接用父母的手机记录下自己做纸桥的体会，发布在群里与大家分享……

图 21 班级群里晒出的纸桥之一（桥面及桥底）

当我在班级群里看到这些充满智慧和想象力的各具特色的作品时，我的内心满是激动和喜悦，虽然一些作品还存在这样或那样的缺陷，但我都给予了肯定和鼓励，还对一些作品提出改进的建议。

不仅如此，由于这些作品是晒在群里，围观的家长们也参与了评价，一些在设计上或是制作方法上有创意的作品，得到了大家的表扬。一时间，围绕"做纸桥"这一活动，班群里热闹非凡，同学和家长们暗地里都在比拼：你的纸桥是这样做的，我要做一个不一样的、承重力更强的！

于是，从家长晒出的照片中，我们看到了这样的场景：夜晚的灯下，爸爸和孩子蹲在客厅的地板上，一起研讨设计方案、一起动手制作；妈妈在一旁充当助手，不时拿起手机拍照，记录下制作的过程……有家长说："感谢科学老师给我们提供了一次难得的亲子活动的机会！"

很显然，"做纸桥"这一内容，不只是一项单纯的科学作业，它被赋予了更多的教育意义。

### （三）我的思考

通过这一课的教学尝试，我在思考以下问题：

1. 对学生的教育，光靠老师的力量是不够的，必须要善于借力。有家长的支持，教育的效果会提升很多。

2. 多样性的环境条件的确可以催生出多样化的方案，这对学生创新思维的培养是有帮助的。那么，我们需要思考的是，在平时的教学中，如何想办法为学生营造多样化的学习环境?

3.在网络化时代,学生学习的方式和途径必须有所改变,面对面授课不该是唯一的方式。在科学技术飞速发展的今天,我们的学校教育如何跟上新时代的步伐,如何开发和利用网络课程,值得研究和思考。

# 十三、加热白糖实验的新做法

教科版六年级《科学》教材"物质发生了什么变化"一课中,有一项实验内容是利用蜡烛的火焰给金属勺子里的白糖加热,通过观察白糖受热时所发生的变化,理解物质发生的变化分为物理变化和化学变化两类。本实验中的白糖刚受热融化时,只是状态的改变,即由固体状态变为液体状态,这是物理变化;继续加热,液体状态的糖会脱水、碳化,颜色发生明显变化,最后还可能燃烧起来,这是化学变化。

## (一)发现问题

我在教学实践中发现,用白糖在课堂中做实验,存在以下问题:

1.白糖会分散孩子的注意力

由于实验操作的主体是学生,是十一二岁的孩子,他们对于能吃的东西有一种天然的喜好,但是,按照实验室规程,用来做实验的物品是不允许尝的,但孩子毕竟是孩子,一见到白糖,忍不住会流口水,总有些调皮捣蛋的同学会偷偷地用手抓几粒放进嘴里,这样一来,课堂秩序就乱了。不仅如此,当实验进行到后半程时,糖的颜色变为红色,且散发诱人的香味,对学生来说是一种更大的诱惑,孩子的注意力被转移了。

2.课堂组织难度很大

现在的班额一般都在50~60人甚至更多,一个老师要指导这么多学生用火来做加热实验,这已经足以让老师紧张了;而此项实验中,加热后形成的液态糖有可能溅到同学身上,甚至还有可能被某位胆大嘴馋的同学倒进嘴里……总体来说,这一课的课堂组织难度很大。

## (二)我的改进

针对上述问题,我采用"课上替代材料 + 家庭实验操作 + 网上分享交流"的办法,达到较好的教学效果,具体做法是:

1. 课上使用替代材料进行观察实验

选用一种不能吃、但却能像白糖一样受热后先发生状态改变（由固态变为液态），继续加热会燃烧起来的物质来替代白糖，给学生做实验，就可以避免一些麻烦的出现。经过试验，笔者发现蜡烛块就是一种方便易得的替代材料，只是，如果要让蜡烛块加热到可以燃烧的程度，所用的热源及装蜡烛块的容器得相应地有所改变。以下两种组合可供大家选择：

①蜡烛块 + 铝箔盒 + 镊子 + 蜡烛火焰（如图22）

②蜡烛块 + 蛋挞盒 + 镊子 + 酒精灯火焰（如图23）

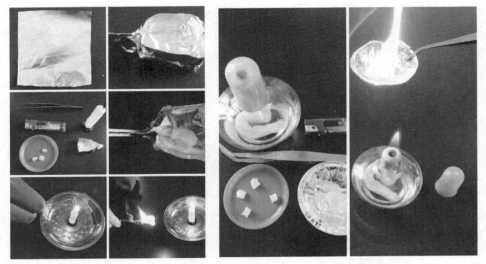

图22 第1种组合材料：蜡烛块 + 铝箔盒 + 镊子 + 蜡烛火焰　图23 第二种组合材料：蜡烛块 + 蛋挞盒 + 镊子 + 酒精灯火焰

从安全性和易操作性考虑，笔者选用了第一种组合材料来给学生做分组实验。其中，装蜡烛块的铝箔盒是用买来的一卷铝箔自己折成的，方法很简单：先剪成大约5×7cm的长方形，再折成一个盒子的形状，一端留出一个把手即可。

操作方法：将蜡烛块放入铝箔盒里，用镊子夹住，放到蜡烛的火焰上去加热，很快就能看到盒中的蜡烛块由固态融化成液态，随后，盒里的液态蜡烛会燃烧起来，有黑烟产生。这个过程中，学生能清楚地观察到蜡烛块所发生的两种变化。不仅如此，这种特殊的让蜡烛燃烧的方法，也能更好地让学生理解关于燃烧的一些知识。

2. 利用网络资源，指导学生在家做"加热白糖"实验

既然教材中写到了白糖加热实验，如果不让学生亲自做一做，似乎有些遗

憾。想到课标中所说的"科学学习的场所不应该只限于课堂，家庭也是孩子学科学的重要场所"，于是，笔者将 "加热白糖"这个实验作为家庭作业，让学生回家去做。但作为老师，不能只是简单地口头布置一下就了事，要想达到好的实验效果，必须进行跟踪和评价。笔者是这样做的：

（1）利用班级 QQ 群发布作业，让家长知晓实验内容，协助孩子准备材料，并在孩子实验的过程中进行安全防护、拍摄实验照片。

（2）利用 QQ 群的"相册"功能，将在家做实验的照片上传到班级 QQ 群的指定相册中，老师随时查看照片，进行点评；同时，群里的其他家长或同学也能看到别人上传的照片及老师的评语，这样就可以起到相互带动的作用。

（3）发起网上研讨：针对"加热白糖"实验过程中所观察到的现象，邀请家长、孩子一起来讨论：哪种变化是物理变化？哪种变化是化学变化？老师在这一过程中给予引导，使学生对实验现象的认识从感性上升到理性。

图 24 是班群里晒出的学生在家做此实验的照片，将白糖加热过程中的变化用照片拼图的方式直观地记录了下来，不失为一种很好的方法。

图 24 学生在家做"白糖加热"实验，用照片
记录变化过程

### （三）教后反思

采用上述这种"家校联合"的新方法来上这一课，学生得到的收获更多，具体体现在以下方面：

**1. 再次进行实验，印象更为深刻**

学生在课堂上做实验，通常是以小组为单位来进行，实验的次数往往只有一次，人均操作的机会就是 1/4（以 4 人小组计），对于没有亲自操作过的同学来说，只是看到了实验现象，印象并不深刻；回家后改用另一种材料再做一次该实验，既可对课上所学知识进行强化巩固，又拓展了认知，了解到了不同的物质在加热情况下都有可能发生物理变化和化学变化。

不仅如此，在家里做白糖加热实验时，由于具备"尝"的条件，这就使得学生的好奇心能够得到满足，他们可以采用"尝味道"的方法来观察白糖在加热过程中所发生的变化。

学生在观察记录中写道："白糖被加热时，先是由固态变为液态，这是物理变化；继续加热，糖的颜色会变为红色，此时用牙签取一点尝一下，味道还是甜的，再加热下去，糖的颜色变黑，味道就变苦了；继续加热，糖还会燃烧起来，最后留下黑色的物质，味道更苦，这肯定是产生了新物质，是化学变化。"当学生经历了如此深刻的体验之后，他们对白糖在加热过程中所发生的两种变化就真正理解了。

**2. 材料类别多样，实验方法新颖**

学生在家做白糖加热实验时，因为要自己寻找和准备材料，所以，他们并不会完全按课本上的方法，而是就地取材，灵活变通，不拘一格。从班级 QQ 群里晒出的实验照片来看，加热装置就有四大类，分别是蜡烛、燃气灶、电磁炉、酒精炉或酒精灯，仅就蜡烛来说，品种大概有二十多个，而且，固定蜡烛的方法也有不下十种，有一位同学居然想到了将蜡烛直接插在废旧花盘的土壤里，既简便快捷，又减少了清理工作，真是别出心裁。若论创新的点子，图 25 的这种方法，堪称"最佳创意"。这是一位同学和家长一起利用易拉罐改制的白糖加热炉，利用此装置做实验，既避免了勺子烧黑后很难清洗的麻烦，又不会烫手，安全方便，轻松完成实验。

图 25　用易拉罐改制的加热炉

3. 信息多向交流，家校联系更紧

这种"实验操作＋网上晒图"的作业，让学生获取信息、接受影响的途径增多了，家长及家长群体对孩子的影响作用明显增强。有一次，一位家长晒出了加热白糖时勺子里的糖燃烧起来的照片，接着就有家长留言："原来白糖还可以烧起来的？让我们家孩子再做一次看看"……

在完成实验作业的过程中，学生若遇到问题，可以及时通过QQ与老师联系；老师对同学提交的作业，可在手机或电脑上随时查看并点评。如此一来，老师与家长及学生之间的联系明显增多，对学生个体的了解也更全面，这有助于老师进行因材施教。


# 十四、"玩"小车的新收获

五上《科学》的第四单元"运动和力"中，以小车作为实验材料的那几课是学生特别感兴趣的，同一部小车，可以用不同的动力来驱动，如第 1 课是以垫圈的重力作为拉力来使小车前进，而第 2 课和第 3 课则分别是用橡筋做动力和用气球反冲力来驱动小车。我在上这几课时，尽量为学生提供分组实验的材料，让他们在玩中去感悟和体会。当然，在学生"玩"之前，我这个科学老师也得先"玩"一把，目的是看看实验材料是否妥当、方法是否适合学生，这已经成为我的习惯。正是在这几次"玩"小车的过程中，师生都有新的发现和收获。

### （一）微小的改进，不同的效果——老师的新发现

在上本单元的第 2 课"用橡皮筋作动力"之前，我确定了本课要达成的一项重要的教学目标就是：知道"在一定范围内，橡皮筋缠绕的圈数越多，小车行驶的距离越远"；而达成此目标的过程则是进行对比实验，实验方法是只改变橡皮筋在车轴上缠绕的圈数（如 2 圈、4 圈、6 圈），然后分别测量小车行驶的距离；在此基础上，通过分析数据，从而发现弹力的大小（橡皮筋缠绕的圈数）与小车行驶距离之间的关系。

由此可见，能否顺利达成教学目标，实验数据是关键。实验室现有的材料到底能不能达到理想的效果？只有自己提前做几遍才知道。晚上下班时，我把小车和橡皮筋带回了家，晚饭后便开始了我的实验。

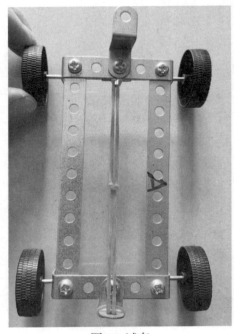 

图 26 试车　　　　　　　　　　　　　图 27 加配重

按照对比实验的方案，我将橡皮筋的一端固定在小车车尾的支架上，另一端在车轴上绕了两圈（如图 26），然后将车放在地板上，松手，小车行驶了一点距离；但随后，当我将橡皮筋缠绕的圈数增加到 4 圈和 6 圈时，却发现小车行驶的距离并没有增加，这是怎么回事呢？再试一次，我发现车轮在空转，顿时明白了其中的原因：由于地面很光滑，车轮与地面之间的摩擦力太小，当橡皮筋缠绕的圈数增多、弹力增大时，车轮便空转了。要解决这一问题，有一种

方法是通过增加小车对地面的压力来增大摩擦力。我在家里翻箱倒柜寻找了一番，找到了一个体积和质量都合适的材料——钢卷尺，它的大小刚好可以加在车身上面。当我缠好了橡皮筋之后再来进行测试，这次的车轮没有空转，小车行驶了较远的距离；继续增加橡皮筋缠绕的圈数，小车行驶的距离也更远。看到问题终于解决了，我为自己的小创意偷着乐了一把（图27）。

第二天一早，我来到实验室，为学生准备分组实验材料。小组共有14个，至少要有14部小车才行，可是实验室并没有那么多钢卷尺，用什么材料来给小车增加重力呢？我在实验室搜寻了一遍，没找到合适的，有些着急。

这时，我换了一个思路：增大摩擦力的方法，除了在车上加重物这个方法，还可以通过增加接触面的粗糙程度来实现。实验室外走廊的地面凹凸不平，摩擦力较大，说不定不加配重也能成功呢？说试就试，我拿起了桌上的一辆小车，缠上橡皮筋之后，到走廊上进行了测试，果真能行！没有出现车轮空转的现象；我又换到教室光滑的地面上及桌面上测试，居然也可以！这就出乎我的预料了，难道这辆车跟我昨天带回家做实验的车有区别吗？我把两辆小车放在一起，进行了仔细的比较（图28和图29），终于发现了秘密：外观看起来一样的两辆车，车轮那里其实有区别，今年的新款车，"轮胎"的材质变了，而且增加了宽度、增多了花纹，这就大大增加了轮胎与地面的摩擦力，根本就不需要再找材料来增加重量了，真方便！看来，对实验材料的一处小小的改进，却能带来完全不同的实验效果！这真是一个超出预料的发现，原来，一辆看似简单的小车，里面蕴含的科学原理还真不少。科学老师"玩"小车，就是要去发现问题并综合运用科学知识去解决问题。

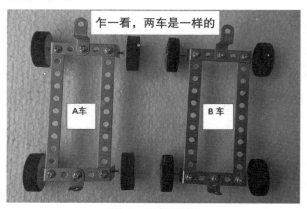

图 28　比较两车

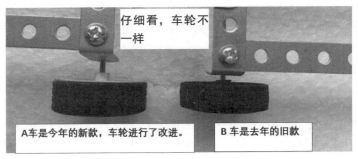

仔细看，车轮不一样

A车是今年的新款，车轮进行了改进。

B车是去年的旧款

图 29　车轮不同

**（二）组合玩车花样多——学生的新收获**

在上第 3 课"像火箭那样驱动小车"时，由于材料有限，每组（4 人）只能分到一辆气球反冲车。我意识到这样的材料数量是不够的，于是我就把上节课用过的橡筋动力车也发给了他们，以增加人均玩车的时间；同时，活动的场地也不在实验室，而是在室外的走廊及走廊下面的空地。这下子，学生玩得可开心了，不仅知道了"气体喷出的方向与小车行驶的方向相反"这一基本概念，而且，孩子们想出各种花样来玩车（图 30），玩出了新收获：

1.几辆气球车比赛，有了更多发现

图 30　比试赛车

同样的小车、同样的气球，怎样行驶得更远？在比赛的过程中，孩子们有了以下精彩的发现：

（1）气球吹得大一些，行驶的距离更远，但行驶的速度不一定更快；

（2）气球的大小会影响小车行驶的速度。气球中等大时，小车先快后慢；但如果把气球吹得很大时，小车一开始行驶的速度反而较慢，可能是因为气球的重量和体积增加了，小车与地面的摩擦力及小车所受到的空气阻力增加了；

（3）气球不能吹得太大，否则就会爆掉；

（4）气球放在车上时要调整好位置（要放正），不然车子就会跑偏了；

（5）放车之前，要调整好车身与车轮的位置，不然也会跑偏；

（6）路面不平或者碰到其他障碍物，小车会跑偏；

（7）在有风的地方，小车更容易跑偏；

（8）当气球里面的气体同样多时，小车在走廊上比在下面的空地上跑的距离更远，因为走廊的地面要平整光滑一些。

……

应该说，孩子们在玩车过程中的这些发现和思考，远远超出了教材内容。

2. 两种动力整合，结果出乎意料

由于每个小组都有两种车（分别以弹力及气球反冲力作为动力），孩子们单独玩了两次之后，有了一个新的想法：如果将两种动力加在同一辆车上，会怎样呢？小车能跑得更快更远吗？

我鼓励孩子们自己去试一下。小组成员经过几分钟的组装，开始试车了，孩子们屏住呼吸，将车放在一处开阔的空地上，调整好了气球的位置，松开手……结果却是大失所望，车走了一点点距离就停下了，远不如单独使用一种动力时行驶的远。

看到孩子们脸上失望的表情，我请他们分析一下原因。这时，刚才负责缠绕橡皮筋的同学醒悟了：橡皮筋绕的方向不对，两种作用力的方向是相反的，一种力往前，另一种力往后，互相抵消了，当然就走不远了。

我表扬了这位同学的非常有价值的发现，并请他们思考：怎样确保两种动力的方向相同？再试一次要注意什么问题？

小组同学认真研讨了一番，找到了解决问题的办法，再次进行尝试，终于成功了，小车行驶的速度比单独使用一种动力时快了很多，行驶的距离也更远了。小组成员们相互击掌庆祝！

**（三）换上特别的"气球"，能让小车转圈**

把医用乳胶手套当气球用，吹气后把它固定在小车上，也能让小车运动，只是运动的方式有点特别：小车在原地不停地转圈（图31）。这一新玩法，是五（3）班一个同学的"发明"。

作为科学老师，我惊叹于孩子们思维的独特性。在成人的思维模式中，手套就是手套，它的用途只是戴在手上起保护作用而已；可孩子的思维角度却不一样，能把它变成可充气的气球。在与这个孩子交谈时，他告诉我，手套是他自己从家里带来的，因为他知道今天的科学课在要用气球做实验，他发现，"手套气球"比普通气球结实，吹得很大也不容易破。我请他分析一下，为什么"手套气球"放到车上之后，小车不能直行、只能转圈呢？这个问题并没难倒他，他很快就回答了我的问题：因为手套那里有个大拇指，形状不像气球那么对称，充气之后，大拇指那边重，所以车子就不能直行了……

图 31 手套气球反冲车

听到这个平时不怎么发言的孩子这会儿侃侃而谈，我想到的是：真的要多给孩子们自主探究的时间和空间！

上完这一课，我的心中感触良多。作为科学老师，我们平时真的很累很辛苦，但如果我们能享受跟孩子一起"玩"、一起探究的过程，就能找到一种职业幸福感，即使累，也是快乐的；作为科学老师，我们应该尽可能多地给学生"玩"的机会，让他们在和同学一起"玩"的过程中去发现、去感悟；作为科学老师，我们还应该用欣赏的眼光去看待孩子的一些看似"出格"的行为，去发现他们身上的闪光点，让孩子们的创新思维有机会得以发展和培养。唯其如此，"培养学生的创新精神"，才能真正得到落实。

# 十五、"傅科摆"模型的多种用法

## ——"地球的运动"单元中的材料创新

教科版五下《科学》"地球的运动"单元中，"地球的自转"是其主要的内容之一，"傅科摆"则是最早证明地球自转的有力证据。要让学生理解傅科摆为何能证明地球在自转，不是件容易的事情。真正的傅科摆，绳长 67 米，摆锤重 27 千克，底下还要有一个很大的刻度盘……这样的一个庞然大物，教学中是无法真实呈现的，唯一能做到的，就是利用缩小很多倍的模型，来进行模拟实验。

在网上搜寻了很久，终于找到了一款"傅科摆"模型，便毫不犹豫地订购了 15 套（每个小组一套）。等收到快递、拆开包装时，才发现自己给自己挖了个"大坑"：买回的只是散装组件，要想得到成品，得自己动手组装！没办法，为了让学生有材料做实验，我这个科学老师只能变身为"木工师傅"，带着两个学生助手，利用能找到的各种工具，固定支架，黏合底板，系上摆线，忙活了几小时，才将十几个"傅科摆"组装好（图 32）。

图 32 师生组装模型

在教学中发现，"傅科摆"模型，并不只是可以在"证明地球在自转"这一课中使用，只要变通思维，对模型稍加改变，就可以应用在接下来的"谁先迎来黎明""北极星不动的秘密"等课中，起到"一物多用"的作用，具体做法如下：

### （一）验证单摆能保持摆动方向不变

"傅科摆"之所以能证明地球在自转，有一个重要的前提是：单摆能保持

摆动的方向不变。为了验证这一点，我在这个模型最下层的底盘上，取一条直径与圆周的两个交点处贴上标记，学生实验时，只需将摆的摆动方向对准这两个标记点，以较小的摆角让摆摆动起来，然后，轻轻转动支架及上面的面盘……此时学生就会发现，即使面盘和支架转了一圈，摆的摆动方向基本上还

图 33 上课时的小组实验观察

是对着原来的标志点，几乎没怎么改变（图 33）。这一现象令学生惊奇不已，重复试验几次，依然是同样的结果，至此，学生理解了：单摆的确是能保持其摆动方向不变的。学生们还发现了，进行此项实验前，得关掉风扇，尽量减少环境中空气的流动，让摆球不受其他因素的影响，才能保证实验的效果。

### （二）模拟摆锤与地表的相对位移

科学家傅科根据他观察到的"刻度盘所示方向与摆摆动的方向悄悄地发生偏转"的现象，首次证明了地球在旋转。教学中利用"傅科摆"模型可以进行这样的模拟实验：用面板上的木板当作地表，在木板上画上刻度标志；让摆锤以较小的摆角摆动起来，再将木板逆时针缓缓转动，此时便会发现摆锤与"地面"的相对位置发生了偏移。由于之前已经证明了摆的方向是不变的，这种位置的偏移只能是由于地表的转动而产生的。在此基础上，通过播放科技馆里的傅科摆在一段时间内发生角度偏移的视频，学生便理解了"傅科摆"对于证明地球自转所具有的意义。同时，这也帮助学生认识到，科学是需要证据的，科学家对宇宙奥秘的探索精神是值得我们敬佩的。

### （三）模拟地球自转的方向

　　教材接下来的"谁先迎来黎明"一课，学生将通过一个游戏活动来认识地球自转的方向是自西向东，位于东边的城市先迎来黎明。游戏的方法如图34所示。笔者认为，上课时实验室里没有足够大的空间来做这个游戏，而且，即使空间够大，在做这个游戏时，参与游戏的同学并不能观察到"地球"旋转的整体情况。我在上这一课时，没有采用这种游戏方法，而是对"傅科摆"模型中能够旋转的圆形底座进行了加工和改进，将写有"东　北京"和"西　乌鲁木齐"的纸条按"左西右东"的方位贴在底座上，再用一个能发光的球形灯泡当作太阳，便可以让学生进行"探究地球自转方向"的模拟实验了（图35）。借助这套模拟实验装置，学生发现了，如果"地球"按逆时针方向（从北极看）自转，位于东边的城市北京将先迎来黎明；如果"地球"按顺时针方向自转，位于西边的城市乌鲁木齐将先迎来黎明。而现实生活中，北京天亮的时间是早于乌鲁木齐的，由此可知地球自转的方向是逆时针（从北极看）。与教材上的游戏方法相比，利用"傅科摆"模型改制的这套模拟实验材料能让每一位同学都清楚地观察并体验到，地球自转的方向与 "谁先迎来黎明"这个问题密切相关，根据事实，就可以推理出地球自转的方向了。

图 34 教材上的游戏方法

图 35 利用"傅科摆"模型改制的"地球自转方向模拟演示器"

### （四）演示北极星"不动"的秘密

本单元的第 5 课"北极星'不动'的秘密"，教材上设计了多种模拟实验来帮助学生理解和解释北极星看上去不动的原因，其中一项实验的方法是在黑板上贴一个圆形纸板，圆心处画上北极星，周围画上其他星星，让纸板转动起来，"北极星"是不动的（图 36）。

图 36 教材上的实验方法

在备课时我发现，教材上的这个演示实验方法很难操作：圆形纸板既要固定在黑板上，还要能够转动起来，如果没有特殊的旋转设备，几乎是没法做到的。我的头脑中反复思考着这一问题，突然想到了"傅科摆"模型的底座是可以旋转的，如果让它在讲桌上"躺下来"，对着学生的不正好是一个可以旋转的圆面吗？想到了就试，我将"傅科摆"模型放倒下来，让它的圆形底座与桌面垂直，然后，我剪了一个圆形纸片贴在圆心处，它代表北极星，又剪了几个大小不同的圆形纸片贴在圆心周围，代表围绕北极星旋转的其他恒星（图37）。

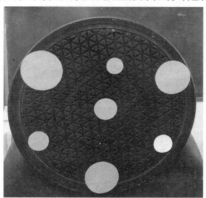

图 37 巧用"傅科摆"模型的圆形底
座来旋转

当一切准备就序之后，进行演示实验时只需按住支架，快速转动正对着学生的底盘，学生就能看到，位于轴心处的北极星是不动的，而其他星星在围绕北极星转。借助于这一模型的动态演示，学生较好地理解了这一有难度的问题。用这种现成的材料来做演示实验，既减少了人力物力的投入，又达到较好的效果。

回顾"傅科摆"模型被利用的整个过程，从买回的零散元件到组装成完整的模型；从单一用途的"傅科摆"变身为多种模拟实验的材料，这其中对学生的教育意义已经大大超越了材料本身。

其一：渗透了 STEM 理念。当今社会需要复合型人才，STEM 课程的理念正在全国各地推广，而其中的"E"（Engineer 工程）则是我们当前教育中的薄弱环节。科学老师（而且还是女老师）带着学生一起，拿着锤子、螺丝刀、热熔胶枪等各种工具，自己动手组装模型，这无疑起到了一种正向的示范和引领作用。

其二：渗透了求新求变的创新理念

"用教材教而不是教教材"，是我们常说的一句话。对于教材上的实验内容，老师根据实际情况大胆改进，体现了一种敢于突破、求新求变的理念；不仅如此，将一种材料重新整合后再次使用，这也是一种科学创新精神的体现。

其三：渗透了"一物多用"的经济学思想

同一个模型材料，通过少许的加工和改变，让它发挥多种功能，这种追求"低投入、高收效"做法，是在用实际行动告诉学生：我们做任何事情，都要考虑"经济效益"，要追求"投入"与"收益"之比的最小化，这不仅是少花钱的问题，还体现了节约资源的环保理念。

常听专家说，"教育应着眼于人的全面发展"，这就要求我们在平时的教育教学活动中，不能只教会学生做几道题、不能只关注那些零散的知识，而是要从有利于学生全面发展的角度，来整合教育资源，着力提升学生的综合素养。

# 第二章　创设科学教学中的"育人"契机

身为科学老师，我们在课堂中所关注的不能只是科学知识和原理，还应该从"育人"的角度来关注学生的全面发展。在2017年颁布的《小学科学课程标准》中，对于"课程目标"是这样表述的："小学科学课程的总目标是培养学生的科学素养，并为他们继续学习、成为合格公民和终身发展奠定良好的基础。学生通过科学课程的学习……形成尊重事实、乐于探究、与他人合作的科学态度；了解科学、技术、社会和环境的关系，具有创新意识、保护环境的意识和社会责任感。"如何来实现这几个方面的课程目标？我曾在教学中进行过一些尝试。

## 一、小组评议活动中的插曲

那一年我新接手三年级的几个班，第一次带学生到实验室上课时，并没有上实质性的内容，而是给学生编座位、训练课堂常规。我先让学生知道了自己的座位号，并划分了小组，接下来，为了便于熟悉学生，我请他们给老师"帮个忙"，将各人的名字以小组为单位写在一张纸条上，且规定了书写的要求：按座位号从大到小的顺序写，座位号在上，名字在下，名字要竖着排列，并告诉学生说，写完之后要进行评比和展示，看哪个组完成得又快又好。我这样做的目的，一方面是为了使自己能很快地对号叫出学生的名字；另一方面也是为了培养学生的规则意识、集体观念和审美意识，为以后引导学生开展科学探究活动打下基础。

小纸条一张张送上来了，我把它们放在实物投影上一一展示出来，学生的一双双眼睛都盯着屏幕。很快，他们的注意力集中到了一个组的"作品"上："第X组的XXX同学写错了。"有议论声响起。原来，一个女同学将名字横着写了，一眼望去，明显的与众不同。

"都是你，影响了我们组！"

"别人都对了，就你错！"

"真笨！"同组的其他同学开始了对她的指责。这个同学哭了，直抹眼泪。

此时，作为老师，我该怎么做呢？跟着批评几句，无疑是"雪上加霜"，增加学生的心理负担；而如果忽视她的错误，其他同学肯定会不服气。我对同学们说："这个同学没按要求写，可能是因为平时写作业都是横着写的，习惯一下子改不过来。第一次犯了个小小的错误，我们就原谅她吧。老师认为，当学生的，难免会犯错，你们其他同学不也有犯错的时候吗？重要的是，要从错误中吸取教训，下次别再错。"然后，我又对这个没按要求写名字的同学说："你今天的这个错误虽然很小，但请想一想，如果你平时没有养成按要求答题的习惯，那么很有可能会在重要的考试中白白丢分，那个时候你该不知有多后悔！所以，你要认真吸取这次的教训才是。"听到这里，那个同学的情绪渐渐平静下来，她擦干眼泪，在以后的时间里变得格外专心。

由这件小事我想到：教师对学生的爱，最应该表现在对学生心灵的呵护。有时，宽容学生的过错，在宽容的基础上给予必要的提醒，这比直截了当的批评更有效果。而且，教师的职责，不仅仅是教学生知识，更重要的是教学生做人。一个现代社会的人，应该具有宽容之心、仁爱之心。这样，我们的社会就会少一些争斗、多一些和谐。在这方面，老师应该抓住一切契机，用自己的仁慈，去潜移默化地影响学生。

在另一个班，没有出现上述不按要求写的情况。当各组的"作品"一张张地摆到实物投影仪上之后，我请学生评议一下哪些组写得好。结果却出乎我的预料：每个组都只说本组最好；当我把其中最好的一张挑出来，问他们"这张怎么样"时，只听到其他组的同学说："不好！""XXX的那一撇写得太长。"好家伙！这些学生的小集体意识（或者说个人意识）太强，对他人又过于挑剔。我转换了方式，对学生说："老师觉得每个组都有自己的优点，就看谁具有敏锐的眼光能发现别人的优点。下面我们来进行'找优点'比赛。"我按组别的顺序将纸条一一呈现，请学生找优点。

"他们组将纸条折成四份后再写，间隔距离很整齐。"

"他们组四个人都写得很认真，上下对得一样齐。

"他们还加写了'第几组'。"

……

同学们纷纷睁大慧眼，努力去发现其他组作品的优点。就算是那几张实在写得不怎么好看的，同学们也能说出"他们没有写错，达到了要求""XXX同学的字写得不错"这样肯定性的评语来，这让那几个自己觉得写得不好而低着头的同学得到了一丝宽慰。

我对这些善于找优点的同学给予了奖励加分。

从这件小事中我想到了，教育学生学会欣赏而不是挑剔，是教师在课堂教学中必须重视的问题。科学课中特别强调探究学习、合作学习，这就要求学生必须学会正确地看待自己和他人。只有善于发现别人的优点，多看别人的长处，学会欣赏别人、接纳别人，才能真正开展有效的合作与交流。要做到这一点，教师的引导必不可少，因此，抓住课堂细节中教育契机，实施有效的教育，很有必要。

# 二、剪开蚕茧的时候

## ——科学养蚕活动中的情感培养

那是我教三年级科学时第一次带着学生养蚕。我向学校申请了经费，买回了一些二龄蚕，带着同学们一起喂养。经过 30 多天的精心呵护，幼蚕终于长大，并吐丝结茧了，我和同学们一样，沉浸在收获的喜悦之中。看到教材上有"蚕变了新模样"一课，我提前做了认真的准备，在蚕结茧后的六七天，拿起蚕茧摇晃时能听到响声了，我便安排了一节课，让学生观察蚕茧及蚕蛹。

我先把完整的蚕茧发给同学们，要求他们像小科学家那样进行观察和研究。同学们想出了看颜色、观形状、量大小、听声音、闻气味、摸软硬等方法来进行他们的研究活动。接下来，我对大家说：

"我们的蚕宝宝现在已变了模样，成蚕蛹了。你们想不想看它现在的样子？"

"想！"同学们的回答可真是异口同声。

"那我们怎样才能看到呢？"我故意把"皮球"踢给他们，也是想让他们有个心理准备。

"拿个手电筒来照，能看到它的样子。"一个同学的提议完全出乎我的预料。我赶紧问他："你试过吗？能看到吗？"这个同学说，他在家试过，晚上用手电筒照，能看到茧里面的蚕宝宝。我表扬了这个同学的"创举"，但同时也遗憾地告诉大家：老师今天没有准备手电筒，况且，即使有手电筒照，也只能看到一个轮廓，看不清它的样子。

"那就只有剪开蚕茧才能看到了。"一个学生提议。

这一下，教室里顿时炸开了锅：

"不要哇！老师。"

"我们不想剪啊！"

"要是剪开了，它就会死的。我们想让它变成蚕蛾产卵呢。"

我对学生说："你们很有爱心，不想伤害里面的蚕，这是很好的。但是，我们现在要学习，必须剪开蚕茧来观察，大家能不能想出一个两全齐美的办法呢？"

一个同学说："就剪开一个吧，让大家都看看。"（学生的爱心可见一斑。以往做实验时，他们总是希望人手一份材料才好）

还有的说，剪开看完后再把它包好，也许还可以变蚕蛾呢。这一提议，大多数同学表示赞成。

于是，我拿起一个蚕茧，放在视频展示台上，开始了剪开蚕茧的操作。我先用刀在茧壳上浅浅地划开一个缺口，再用剪刀从缺口处沿纵轴方向剪开一条缝。在此过程中，同学们全都凝神静气地盯着屏幕看，有的还把手捂在胸前，嘴里小声地说着："老师，你轻点！""老师，你可别剪伤蚕宝宝了。"

我非常理解学生此时的心情，因为我在课前做准备实验时也跟他们一样紧张：当刀子划向蚕茧的那一刻，我真的有一种心痛的感觉，真的有些不忍心继续做。当用剪刀扩大开口的时候，手都有些颤抖，心跳也不由得加快了。只是因为理智告诉我，为了教学的需要，我不得不"狠得下心，下得去手"。现在，看到学生那种担心的样子，我明白，他们和我一样，视这些亲手养大的蚕为自己的宝贝，对这些小生命倾注了感情。

当我终于非常小心地完成了剪开蚕茧的手术，用手挤压一下茧壳的两端，同学们便看到了里面棕色的蚕蛹和它蜕下的皮。

"哇，真的变成蚕蛹了！"惊奇和满足的神情出现在他们纯真的小脸上。

我松开了手，茧壳又合拢了，除了有一条线形的缝隙，又变得跟原来差不多了。

我知道，这种远距离的间接观察并不能真正让学生看清蚕蛹的模样，我决定给每个小组下发一个事先剖开的蚕茧，以便让他们能进一步观察蚕蛹。在下发之前，我对学生提了要求：看过之后，最好能像老师刚才所做的那样，让它恢复成原来的样子，说不定它还能变成蚕蛾呢。

一轮观察过后，各组的小组长小心翼翼地捧着蚕茧交上来了，没有一个破损，没有一个裂开，完好率达到 100%（这在以前的实验课中是很少见的）。最令我感动的是学生取放蚕茧时的模样：拿的时候是轻轻的，放的时候也是轻轻的；走路的时候，蚕茧是被他们捧在手心里的，脚步也不像以往取材料时那么快。可以看出，他们对待蚕茧，真的是充满了感情，所以才怕把它们弄伤了、碰坏了。那份关切，那份呵护，将他们的爱心显露无遗。

后来，这几个被剪开的蚕茧成了学生最大的牵挂，每次碰到我都会询问它们的情况。到了蚕蛾出茧阶段，当学生得知那几个蚕蛹也全都变成了蚕蛾时，他们如释重负地发出一阵欢呼："耶！"

在和学生一起度过了四十多天的养蚕活动之后，我感觉到，科学养蚕的过程，也是培养学生的爱心、耐心和责任心的过程，是让学生经历喜悦、遗憾、担忧、牵挂和满足等情感体验的过程。作为老师，我们应该想办法为学生提供培养情感的场所和释放情感的空间，也要以同理心来理解、呵护孩子们的爱心。

# 三、捡来落花当材料

四年级"植物"单元中，有一课的内容是解剖、观察一些常见的花，以便让学生知道一朵完全花主要由萼片、花瓣、雄蕊、雌蕊四部分构成，因此，上好本课的关键，便是给学生提供必要的实验材料（尤其是各种不同的花），让学生亲历探究实验的全过程。

但在准备实验材料时我可犯愁了：四年级 8 个班，320 名学生，到哪儿去弄那么多花来给学生解剖、观察呢？尽管我们校园里有盛开着的紫荆花、杜鹃花、桃花等等，但正是这些姹紫嫣红的花朵装点着校园，美化了环境，如果摘了这些花来上课，学生一定会说："老师摘花，破坏环境！"怎样才能既满足教学需要，又不破坏校园美景呢？我到菜市场和校园里转悠了几圈，终于找到了解决问题的办法。

上课了，我先给学生提供了从菜市场买来的白菜花，让他们每两人一组合作，进行解剖、观察，并通过课件演示，使他们初步认识了白菜花的萼片、花瓣、雄蕊、雌蕊等部分；然后，我在视频展示台上出示了一朵紫荆花，边解剖边让学生辨认它们是花的哪个部分。学生虽然回答着问题，但我能感觉到，学生的积极性不是很高。我对他们说：

"你们是不是也想自己来解剖紫荆花呀？"

"是啊！"

"那好吧，你们先来帮我计算一下，我校四年级共有8个班，平均每班40人，每人一朵紫荆花，一共需要多少朵？"

"320朵！"学生很快算出了得数。

"看到这个数值，你们想一想，能不能摘下这么多花来做实验？"

学生们会心地笑了，一致认为，那样做不行，破坏了环境。

"不过老师还是会尽量满足大家的愿望。看，这些是被风吹落在地上的紫荆花，已经不需要我们动手解剖了，大家仔细辨认一下，看能不能将雄蕊、雌蕊、花瓣、萼片一一找出来，拼成一朵完整的花。"我把从地上收集来的那些"分了家"的紫荆花，提供给各组的同学，他们又兴致勃勃地开始观察、研究了。

……

上完这一课，学生们带着收获和满足离开了教室，我也感到很欣慰。不仅较好地落实了教学目标，而且，课中所提供的这种别出心裁的教学材料，也对学生的环保意识的培养起到了正面的教育和影响作用。以实际行动参与环保，以自己的言传身教去影响学生，这是一个教师所应该做的。教学生学会"变废为宝"，学会合理利用资源，学会在不破坏环境的前提下来满足自身的需要，是我们在课堂教学中应该向学生渗透的环保理念。

# 四、给市委书记写信

2015年6月，一位六年级的小学生在科学课上给市委书记写了一封信，希望有关部门尽快治理学校门前的"臭水沟"，并提出了自己的几点建议。此信经媒体登出后，得到了时任深圳市市委书记马兴瑞的"马上"回应，指示有关部门要重视此事（图38）……

图 38 市委书记的回应

这个写信的小学生，便是我校六年级的张凯文同学，而"给市委书记写信"这一提议，是我在科学课上给出的。当时正在讲六年级下册的"环境与我们"这一单元，我不想为教教材内容而空讲，我希望孩子们能真正去关心和了解我们所面临的环境问题，树立起环境保护的意识。为此，我结合学校实际，在课上引导孩子们思考一直困扰我们多年的学校门前"臭水沟"的治理问题，请他们写出自己的想法或建议，可以采用写信的方式，将这些建议写给相关部门的领导。我给孩子们每人发了一张作业纸，让他们自己思考并书写，于是便有本文开头的那一幕……

在马书记的指示做出后，深圳卫视、深圳特区报、深圳晚报等多家媒体都进行了报道，市级、区级的水务部门、环保部门的有关领导专程来我校，找相关师生召开座谈会。我带着张凯文及其他几位小学生围坐桌前，面对各路记者的"长枪短炮"，围绕"臭水沟"的治理问题与来自市区级的有关领导进行对话交流……各级领导如此重视小学生反映的问题，让我和孩子们感到震撼和惊喜！这是他们非常难忘的一课！几个孩子纷纷表示，今后要一如继往地关注我们周边的环境问题，爱护家园，保护环境，从我做起，从身边的小事做起；还要努力学好各科知识，练就过硬的本领，将来为国家建设出力……

这一段经历，是我从教生涯中非常独特而难忘的。身为科学老师，我不能只教"科学"的内容，还要注重培养学生的公民意识和社会责任感，帮助学生成长为一个有担当、有责任心的公民，这是每个老师应尽的责任。

# 五、家庭实验作业的新收获

2018 年 6 月 6 日，深圳因气象部门发布暴雨红色预警信号，下午停课。当突然收到这一通知时，我马上开始思考：学生停课在家，给他们布置点什么家庭作业为好呢？灵机一动，我想到了之前学生在家做过几次家庭实验，这中间有很多趣事发生，不如趁此机会让他们记录下来。于是，我在班级 QQ 群里发布了一项作业，围绕"记一次家庭实验"写一篇文章，题目自拟，要求学生写好之后，将电子稿发到我的邮箱。

作业信息发布后不久，我的电子邮箱里就陆续收到了学生们发来的作业。那个下午我就待在办公室里，一篇一篇地读着学生的文章，感触很多。在这些文章中，很多同学记载了在家做科学实验的有趣经历，有的较为详细地记录了实验的过程、实验中的发现、实验后的收获和感悟等。附上两篇：

## 小苏打和白醋的奇妙碰撞

### 六（4）班　丘子淇

这个学期我们做了很多次实验，而我最喜欢、最难忘的一次，是"小苏打和白醋"的实验。

那一次，我们家里没有"小苏打"这种实验材料，还不得不去超市买。当时我觉得很麻烦，做完实验之后却觉得太值得了。

实验过程很简单：拿一个杯子，倒入一些白醋，到杯子的三分之一处，再加入适量的小苏打，密封杯口，然后把燃烧的火柴放在杯沿上，观察。把小苏打加入白醋那一刻，大量的气泡从杯底涌起，迅速占据了杯子，还发出了"嘶嘶"声。这场面使我惊呆了，愣了几秒才想起要用东西盖住杯口。我赶紧用木板盖住了杯子。只见那些泡沫迅速地开始消散，以同刚才涌起来一样快的速度消失了。杯子里依旧是一些透明的无色液体。

我知道时机到了，连忙擦着一根火柴，移开木板，把火柴放在杯口。火柴颤抖着的火苗在一瞬间熄灭了，烧过的火柴头生出一缕灰色的轻烟，最终这轻烟也消散了。是杯中的二氧化碳熄灭了火柴！这种无色无味的气体，不起眼，却又有着惊人的本领。

这场实验不仅有趣，还让我明白了：不易察觉、不起眼之物，不一定就没有其强大之处。

## 一次难忘的实验

六（8）班　吴府融

在潘老师教我们科学的这一年，我做过不少实验，令我最难忘的是"加热白糖"实验！

那是我做的第一个实验，其实操作方法并不难，只是看你有没有心去做罢了。

这个实验要先准备好以下材料：白糖，2~3个蜡烛，1个打火机，1个铁勺。

材料准备齐全了以后，就可以开始实验了。首先要戴上手套（为了实验的时候不被烫伤），拿起铁勺。往铁勺里放一勺白糖即可（不能太少），放好以后，拿起打火机将蜡烛点燃（要注意防止弄伤自己的手），然后将放了白糖的铁勺移到火焰上方。最后只要耐心等待就能看到想要的结果。

在等待的过程中，我发现了白糖受热的奇妙旅程。一开始还没加热的白糖是白的；加热了一会儿之后就会有一点点黄黄的；再加热一会儿，就会出现褐色的液体，并且会有少量的气泡；最后就变成了完全是褐色的液体状物质，这就不再是原来的白糖了。由此可推断出白糖加热的过程中既有物理变化也有化学变化。

在这次实验过程中，我还在不经意间又发现了一个物理变化的例子。实验时我用了两支蜡烛，当我用完第一支蜡烛后，里面的烛液在没有点燃的情况下，过了一会儿，它就由液体状态变成了固体状态。这让我认识到了烛液冷却变成固体的过程是物理变化。

实验之后，我觉得很有收获，不仅知道了什么是物理变化、什么是化学变化，还明白了一个道理：在很多个不经意间，你会突然注意到实验现象的细节，但不要以为这不经意间看到的现象不重要，你可能一不小心就忽略了很重要的信息，所以要做有心人，要善于观察。

读着孩子们写出来的这些充满真情实感的文字，我这个科学老师也感到蛮自豪的：因为我给孩子们设计了一些有趣的、具有可操作性的家庭实验作业，才让他们有了一些切身的感受和体会；又因为有了这些深刻的感受和体会，他们动起笔来，才会"文思如泉涌"，才会"下笔如有神"，这也算得上是一种额外的收获吧。

在审阅孩子们的作文时，我发现了一篇写得很独特、很真实的文章，读来很受震撼，全文如下：

## 一次难忘的家庭实验

六7班　YLQ

那真是一次难忘的实验，倒不是有什么新奇的发现，也没有什么成功的喜悦，而是让我明白了一个道理。

那是一次在家里制作晶体的实验，这个实验因为要花很长的时间才能看到结果，科学老师便布置我们在家里完成并拍照上传。

那天一早，我找到了许多材料，开始操作了：在一个碗中倒入 1/3 的水，加入一勺小苏打，搅拌溶解，再加入一勺，继续搅拌，再加……直到无法再溶解，制成小苏打的饱和溶液备用；接下来按同样的方法制作白糖及食盐的饱和溶液……

"这个实验看起来简单，而且原理我都懂，可操作起来，还真是挺麻烦挺费时的。"我看着面前的三碗辛辛苦苦调制出来的饱和溶液，不禁长吁了一口气。

"接下来就简单了。"我利索地取出三个小碟子，贴上标签，小心翼翼地将三种溶液各自倒进三个碟子中。"接下来就等着晶体的形成啦！"我把它们端到了客厅的桌子上，想着靠近窗户，有阳光射进来，水分容易蒸发，这样得到晶体的速度会快一些。做完这些，我就回到了凉爽的空调房，舒舒服服地去忙别的事情了。

吃饭前，我想到了早上做的实验，便想先去看看有没有晶体出现，虽然我明知道不会这么快有结果，可还是忍不住想去看。

"咦？"我走到了那张桌子旁边，并没有看见我的那些精致的小碟子，"爷爷，你有看到我放在桌子上的小碟子吗？""什么小碟子，就是在桌子上的那几个吗？在消毒柜里嘞！"

"啊？"我原本大好的心情荡然无存，什么意思啊这是！我的作业给你洗了？泡水了？然后放消毒柜了？这是作业啊……

我瞬间没食欲了，回到房间里生闷气，心里不知有多难受！我那么辛苦做的作业，被破坏了！就这么没了！

爸爸走进来安慰我："没事的，大不了老爸和你一起再做一次呗。这是一次意外，就好比在电脑前打一篇一万字的文稿，退出前忘保存了，此时你是在那里哭，还是赶紧完成？"

听了爸爸的这番话，我明白了一个道理，遇到这种因疏忽大意带来损失的情况时，眼泪是无法洗去懊恼的，应当振作起来，以积极的心态面对现实；同时也让我明白以后做事要想得周全一点，如果事先写个提示条子放在实验用的碟子边上告诉家人，也就不会出现这种意外了。

吃一堑长一智，这次的家庭实验，让我有了特别的收获。

读完 YLQ 同学的文章，我想到了教育家陶行知先生说的一句话："生活即教育"，的确，一次失败的实验，却让这位同学明白了一个道理、改变了待人处事的态度，不得不说，这是一个特别的收获；同时，这位同学的家长也充分发挥了教育的智慧，利用这一契机，及时引导孩子正确对待挫折，值得我们学习！

由此看来，"家庭实验作业"确实是一个极富教育意义的项目，承载着很多教育的契机，值得老师和家长一起来研究。

# 第三章　创新课例选录

在我来深从教的二十多年中，上过的公开课、研讨课不下五十节，这些课，我都认真地写出了教学设计或课堂实录，获奖或发表的有不少。本章选录的就是其中的一些典型课例。

## 一、"反冲"一课的教学设计

（题记：本文发表于2001年12月校级学术刊物上，并获得当年本校教育教学论文评选的一等奖。创新点为实验材料的种类及多媒体手段的应用）

**教材分析：**

"反冲"是小学《自然》第九册"力"单元的最后一课，旨在让学生认识反冲现象，在能力培养方面，属于"归纳概括能力"。

本课的教学内容可分为两部分：一是指导学生由感性到理性、由个别到一般地认识反冲现象，知道反冲现象的共同特征；二是指导学生认识反冲现象在实际中的应用，并通过介绍我国古代和现代在火箭方面的成就，渗透爱国主义教育。

**学生分析：**

小学五年级的学生已经具备了一定的实验操作能力和归纳概括能力；而且，对于"反冲"一词，他们或多或少已有所耳闻，但还缺乏深入的认识。因此，本课的教学，将从学生感兴趣的活动和实验入手，逐步加以引导，使他们在原有认知水平的基础上得到有效的发展。

**设计思路：**

1. 贴近生活，激发兴趣

根据小学生爱玩好动的特点，选取生活中常见的气球作为切入点，以特别制作的"气球反冲小车"和"喷水旋转塑料瓶"作为实验研究的材料，令学生倍感新鲜有趣，这样就能很快吸引学生的注意力，使他们不由自主地投入到学习活动之中。

2. 以生为本，愉快学习

本课的教学内容源于教材但又不拘泥于教材。学生课前无需预习，课上无需带教科书，在不明确学习任务的情况下，伴随着教师的引导，在教师所创设的轻松愉快的环境中玩玩学学，潜移默化地发展认知、培养技能、陶冶情操。

3. 团结协作，资源共享

学生的实验观察以小组为单位进行，这就需要组内成员自主进行分工合作，自主确定使用材料的先后顺序，主动交流实验过程中的发现及对实验现象的思考等等，从而让学生学会谦让、协作，学会资源共享，培养健全的人格。

4. 利用媒体手段，增强直观性

在课堂上，利用多媒体设备，将生活中的反冲现象及火箭升空的动态画面直观地呈现在学生面前，令学生如临其境，印象深刻。

5. 联系当前实际，渗透思想教育

结合反冲原理在科技领域中的应用，通过介绍我国古代和现代在火箭技术上的成就，尤其是最近我国"神舟"五号飞船发射成功这一实例，让学生增强爱国热情，激发他们从小爱科学、学科学的学习兴趣。

**教学目标：**

1. 认识反冲现象，建立初步的"反冲"概念；了解反冲的应用；

2. 培养归纳概括的能力；

3. 受到爱国主义教育。

**教学准备：**

1. 分组实验材料

①气球反冲车（利用配套的自然学具材料制作，课前完成）；

②喷水反冲旋转装置（用五边形底的饮料瓶，剪去上部，扎洞，穿线制成）；

③塑料桶，装大半桶水。

2. 演示实验材料

①铁丝（长约2米，拉直固定），粗饮料管（套在铁丝上），吹足气的气球，透明胶带；

②用塑料瓶自制的简易"火箭"，打气筒。

3. 多媒体课件

教学过程：

**（一）导入新课**

1. 出示一个已吹足了气的气球。

2. 谈话：同学们都玩过气球吧，说说你们都有哪些玩法？

3. 学生发言（尽量让学生各抒己见）。

4. 谈话：有个同学教给老师一种新玩法——（演示：将气球用透明胶带固定在铁丝上的粗饮料管中，松开气门嘴，气球飞快地沿铁丝滑到尽头）

**（二）学习新课**

1. 观察喷气反冲现象

（1）谈话：把气球在固定在小车上可能更好玩。在你们面前的盒子里就有一个这样的小车，你们拿出来玩玩看。

（2）学生活动：两人一组玩气球反冲车。

（3）汇报：刚才玩的过程中，有些什么发现？

（此时应引导学生去发现：小车的运动是由于气球向外喷气而引起的）

（4）在黑板上贴出气球小车图，请学生分别标出气球喷气的方向和小车运动的方向。

（5）提问：小车的运动方向与气体喷出的方向有什么关系？

（6）小结：通过刚才的实验我们发现，当气体朝某个方向喷出时，小车向相反方向运动。

2. 观察喷水反冲现象

（1）谈话：假如一个物体能向某一方向喷水，你们猜它会怎样呢？想不想试一试？

（2）分发实验材料（每组两个穿好线、扎好孔的半截塑料瓶，编为1、2号，两个瓶的底部所扎孔的方位不同）。

（3）学生实验：将瓶装水后提起，水从瓶底的5个孔斜着喷出，同时瓶子转动，且1、2号瓶的转动方向不同。

（4）汇报实验现象，并请学生上黑板标出水喷出的方向和瓶子转动的方向。

（5）讨论交流：

　　①瓶子的转动方向与它喷出水的方向是怎样的关系？

　　②是什么原因导致了两个瓶的喷水方向不同？（让学生观察发现瓶底孔的位置不同）

（6）小结讲解：通过实验我们发现了，当瓶中的水向外喷出时，瓶子会转动，且转动的方向与喷水的方向相反。

3. 观察其他的反冲现象

（1）放录像：

①旋转喷泉从静止到旋转的过程；

②射击时子弹出膛后枪身向后坐的情景。

（2）小组讨论交流：说一说这些现象是怎么产生的。

（3）汇报讨论结果。

4. 分析归纳，建立初步的"反冲"概念

（1）提问：从刚才所做的实验及录像中的现象，你们有没有发现它们的相同点？可以给这类现象取个怎样的名字？

（2）学生发言

（3）小结讲解：当一个物体向外喷出气体、液体或固体时，该物体会向相反的方向运动，人们把这类现象叫做"反冲"。

5. 认识反冲的应用

（1）谈话：反冲原理在许多领域中都有应用，同学们知道这方面的例子吗？

（2）学生发言（学生一般都会提到飞机、火箭等）。

（3）提问：你们知道最早的火箭是什么样吗？是由哪个国家发明的？

（4）播放课件：介绍我国古代火药的发明、火龙出水；现代先进的"长征"系列火箭；"神舟"五号飞船发射升空的情景等。

**（三）巩固、应用**

1. 谈话：今天我们认识了反冲现象，了解了火箭的基本原理及我国在这方面的突出成就。同学们想不想自己做个"火箭"呢？你想用什么材料、如何做呢？

2. 讨论、交流。

3. 出示老师用塑料瓶自制的简易气压"火箭"；带学生到室外发射"火箭"，在学生的惊讶声中结束课程。

# 二、"种子的萌发"教学案例

（题记：本文写于 2002 年 5 月，曾获校级教育教学论文评选的一等奖，创新点为实验过程的设计。）

对于"种子的萌发"一课来说，让学生亲自进行实验观察是上好本课的关键所在。由于该实验持续时间较长，老师通常都会要求学生在家里完成该项作业。这种做法在全日制学校可行，但对于像笔者所在的寄宿制学校来说，显然行不通。为了体现《科学课程标准》中所提出的"用教材教"而不是"教教材"这一教学理念，我在上这一课时进行了一些新的尝试，效果不错，愿与同行交流。

**准备工作：**

1. 材料准备：为了让学生在学校进行观察实验，老师得为他们准备好充足的材料。我校五年级共 8 个班，300 多人，按两人一份计算，我给学生备好了足够数量的下列材料：

① 1.5×6cm 的透明塑料管，3.5×1.5×1.5cm 的海绵块（可从配套的自然制作材料袋中找）；②绿豆种子。

2. 环境准备：与各班的班主任及生活老师协商，在不影响教室或宿舍整洁的前提下，为学生安排放置实验用品的地方。（这一点很重要，如果没有这些老师的支持，学生的实验将无法做下去）

**教学过程：**

我用两课时来上这一课，中间相隔一周的时间。

第一课时：围绕"种子发芽需要哪些条件"这一问题，让学生根据原有的知识经验做出预测。学生提出了"阳光""土壤""水""空气""温暖（适宜的温度）""肥料"等六个条件。这些到底是不是种子萌发所必需的呢？我对学生说，希望他们自己去探究、自己去找答案，老师可为他们提供一些材料。这下，学生个个都跃跃欲试。我让他们每 3~4 人组成一个实验研究小组，每组自选其中的一个问题，通过讨论制定出对比实验的方案（我也给了他们一些建议和指导）；然后，到老师这儿领取实验材料（每组两份，便于对照）。根据研究问题的不同，有些组还要自找材料，如土壤（教室外的阳台上就有）、水杯（用废弃的牛奶瓶代替）、肥料（找学校的花工去要）等等。我向学生交代了一下观察实验中应该注意的问题，之后，学生便兴致勃勃地开始行动了。

在此后一周的时间里，我经常过问他们的实验进展情况，也提出了一些建设性的意见。

第二课时：首先由各小组汇报他们的实验情况。我利用教室里的大屏幕背投出示了汇报提纲，并给了学生5~6分钟的准备时间。各小组经过讨论，写出了要汇报的内容，并推选出一名发言代表。在汇报时，发言的同学声音响亮，充满自信；而下面的听众，也凝神静气，专注地倾听，不时还报以掌声。一些学生汇报的内容也很精彩，试举两例：

其一：

"我们研究的问题是：水是种子萌发所必需的条件吗？

我们实验的方法是：将两粒绿豆分别放在海绵上，再放进塑料管里，标上1号、2号。给1号管加点水，使海绵打湿，2号管不加水。我们将两个管都放在课桌的抽屉里。以后每天都给1号管加点水，2号管不加水。

我们实验的结果是：1号管里的种子发芽了，而2号管里的种子还是原来的样子。

我们得出的结论是：水是种子萌发所必需的条件。我们还知道了，种子放在没有阳光的地方也能发芽。"

其二：

"我们研究的问题是：种子萌发需要土壤吗？

我们实验的方法是：在一个塑料管中装上土，将一粒绿豆放在土中；另一个塑料管不装土，绿豆直接放在海绵上。把这两个管都放在阳台上，每天给它们浇水。

我们看到的结果是：两个管中的绿豆都发芽了。

我们得出的结论是：种子萌发不一定需要土壤。不过我们还发现，没土壤的那个，发芽快些，根也粗一些，颜色是白的；而土壤里的那个，根有点红色……"

当学生汇报完毕之后，我进行了简单的小结，对学生的研究情况给予了充分的肯定。接下来，对于因条件限制，学生未能研究到的问题（即不同温度下种子萌发的对比实验）则通过录像资料向学生作了介绍。至此，学生完全明白了种子萌发所必需的条件有水、空气、适宜的温度；而阳光、土壤、肥料则是可有可无的条件。

**教后体会：**

这一课只是一节常规教学课，我的精力主要放在为学生创造条件、指导学生进行实验观察上，但是教学效果却超出了我的预料。学生在这期间所表现出的浓厚的兴趣、积极主动探索的精神给我留下了深刻的印象；由这一实验所引发的学生对植物的研究兴趣，以及在此过程中学生所产生的"珍爱生命、亲近自然"的情感，则更是令我倍感欣慰。学生在这一课的学习中，不仅看到了种子发芽的过程，知道了种子萌发所必需的条件，而且还获得了一些超越知识本身的东西：探究自然奥秘的兴趣、观察思考的能力、持之以恒的精神、合作与交流的意识、成功与兴奋的情感体验、语言表达与演说能力的锻炼……我想，《科学课程标准》中之所以强调"用教材教"而不是"教教材"，其用意大概也在于此吧。

# 三、"食物的营养"教学设计

（题记：本文写于2003年9月校级公开课之后，创新点为实验方法的设计）

**教学内容：**

人教版小学《自然》第十册第19课"食物的营养"

**教学目的：**

1. 使学生知道食物的营养成分主要有蛋白质、脂肪、淀粉、盐类、维生素、水等；

2. 使学生初步学会用实验的方法检验食物的营养成分；

3. 向学生进行营养卫生教育。

**教学重点：**

食物的主要营养成分及其检验方法。

**教学难点：**

用实验的方法检验食物的营养成分。

**教学准备：**

1. 教具：实物投影仪、电脑、背投等。

2. 演示实验材料：蔬菜类、米面类、肉蛋类食物8~9种；碘酒、棉棒、先用淀粉写好字的纸。

3. 分组实验材料：酒精灯、火柴、镊子、碘酒滴瓶、白纸，各种食物（事先切成小块分装在碟子里）。

4. 阅读及练习材料。

**教学过程：**

**（一）导入新课**

（创设情景：讲桌上放有青菜、黄瓜、土豆、馒头、米饭、瘦肉、肥肉、花生米、熟鸡蛋等）

谈话：走进实验室，同学们一定知道了今天这节课我们将研究的是——（食物）。人每天都要吃食物，要从食物中获得营养。今天我们就来学习这方面的知识。（板书课题）

**（二）学习新课**

1. 指导学生认识人体所需的营养成分

（1）提问：同学们是否知道食物中有哪些营养成分呢？

（2）学生讨论、发言，教师引导学生说出六种营养成分的名称，并板书。

（3）学生自学阅读材料，了解六种营养成分的作用。

（4）做练习（屏幕出示练习题）。

```
                连线：

蛋白质              能源物质

维生素

脂肪                构成成分

盐类

水                  维持生命活动

淀粉
```

2. 指导学生检验食物的营养成分

（1）讲述：食物中含有什么营养成分，可以通过实验的方法来检验。

（2）学习检验蛋白质的方法：

①讲解实验方法，强调使用酒精灯的注意事项；

②学生分组实验：分别将瘦肉、鸡蛋白、土豆在酒精灯的火焰上烧，闻气味。

（3）学习检验脂肪的方法：

①谈话：脂肪俗称油，你们知道怎么检验吗？

②评价学生所想到的方法；

③学生分组实验；

④汇报实验结果。（屏幕出示下表，待学生汇报后，填入结果）

> 下列食物中，哪些含脂肪较多？
> ①肥肉（　　）　②花生米（　　）
> ③土豆（　　）　④黄瓜（　　）

（4）学习检验淀粉的方法：

①演示："变魔术"——介绍检验淀粉的方法；

②学生分组实验，检验哪些食物含淀粉多；

③汇报结果。（屏幕出示下表，待学生汇报后，填入结果）

> 下列食物用碘酒检验，哪些能检出淀粉？
> ①瘦肉（　　）②米饭（　　）③馒头（　　）
> ④黄瓜（　　）⑤土豆（　　）⑥鸡蛋白（　　）
> ⑦茄子（　　）⑧菜叶（　　）

（5）小结：（屏幕出示下表）

### 各类食物中含量较多的营养素

|         | 蛋白质 | 脂肪 | 淀粉 | 盐类 | 维生素 |
|---------|--------|------|------|------|--------|
| 鱼、瘦肉 | √ |   |   | √ |   |
| 蛋、奶   | √ |   |   | √ | √ |
| 豆类     | √ |   |   | √ | √ |
| 食用油、肥肉 |   | √ |   |   |   |
| 大米、面粉 |   |   | √ |   |   |
| 蔬菜、水果 |   |   |   | √ | √ |

### （三）巩固与升华

1. 讨论：学了以上知识，你觉得在摄取食物时，应该注意什么？

2. 做练习：进行营养配餐的设计。（见作业纸）

3. 评价、展示学生的作业。

# 四、试教"测量呼吸、心跳和脉搏"一课

（题记：本文发表于 2005 年 11 月《科学课》杂志，曾在一次本校组织的对外展示活动中执教此课。）

为了跟上新课程改革的步伐，我在五年级上自然课时，选用了苏教版五（上）《科学》教材中的"呼吸和血液循环"这一单元来替代人教版《自然》第十册上的相关内容。在学校的一次对香港老师的公开课中，我选了"测量呼吸、心跳和脉搏"这一课来上。医学院校毕业，又有近十年自然课教学经验的我，自以为上这一课应该是驾轻就熟的，然而上过之后才发觉，其难度超出了我的预料。经过多次的试教和改进，总算是较好地完成了任务。在此愿与同行们分享我对这一课的教学体会，也希望能够得到专家们的指点。

## （一）我对教材的处理

试教两个班后我发现，要在一节课中完成教材上安排的内容实在是很困难（这也许与学生没有经过前期科学课的系统训练有关）。本着"用教材教而不是教教材"的原则，我对教材内容进行了如下处理：

1.将测量心率的活动去掉

教材安排的第一个活动是用自制的简易听诊器测每分钟的心跳次数，同时测出脉搏次数，通过两个数据的比较，让学生发现正常人的心率与脉率是一致的，后面的测量活动只测脉搏次数就行了。

笔者在课前自己做实验以及找学生试做时发现，这一活动很难达到预期的目的，其原因是：

（1）用漏头、胶管、橡皮膜等材料自制的"听诊器"因传音效果差，不是安静时的心跳声难以听清；而且学生对心脏的位置也不太容易找准，这更加大了实验的难度。在听不清楚心音的情况下，让学生计数的心跳次数肯定是不准的。

（2）借用医用听诊器来听，虽然心跳的声音听得很清晰，但对于没有受过专业训练的小学生来说，他们容易受到呼吸音的干扰，而且对第一心音和第二心音也不会区分。而且，一般的学校也不可能有那么多的医用听诊器。

（3）就算器材的问题解决了，学生实际所测得的心跳次数和脉搏次数往

往很难完全一致。即使测得的数值分别是 75 次 / 分和 74 次 / 分，学生也认为它们是不同的。

鉴于上述原因，笔者认为，应该将测心率的活动取消。要让学生明白心率与脉率的一致关系，可以通过 Flash 播放器血液循环的视频，听模拟心跳的声音，看心脏收缩时血液注入动脉的模拟过程；与此同时老师可以简单介绍心跳与脉搏的关系，这样也能达到目的。

2. 将三次测量活动改为两次

教材一共安排了三次测量呼吸和脉搏次数的活动，分别是安静时、运动后、休息 3 分钟后。这样安排的意图是为了让学生了解运动后人的呼吸和心跳会加快，休息几分钟后又会恢复原来的状态。笔者试教后发现，要进行三次测量，时间很紧张，改为两次则较为合适。从理论上看，三次测量本来只需要 6 分钟的时间（两人一组，测两次），但实际操作起来远远不止。笔者也分析了一下原因，总结出耗费时间的环节主要有以下几处：

（1）正式测量前应让学生学会摸脉搏、数呼吸的方法，需要安排练习的时间。

要准确计数脉搏次数，前提是会摸自己或别人的脉搏。笔者做过统计，在一个班中，大约有 1/5 的同学会自己摸脉搏；有 3/5 的同学在老师或同学的示范下能很快学会；但还有 1/5 的同学必须要老师手把手地教，才能摸到脉搏。因此，在正式测量之前，应安排几分钟的时间让学生进行充分的练习，对于先学会的同学，可以鼓励他们像小医生一样仔细体验脉搏的力度、节律，比较自己的脉搏和同伴的脉搏有什么区别；对于后学会的同学则要让他们熟练地找到脉搏、迅速地摸到自己的、同伴的脉搏。只有做到人人都会摸脉搏了，才能保证后面的测量活动有效地进行。

对于呼吸的测量，则要让学生知道计数次数的正确方法，强调注意事项。

（2）测量时老师统一计时，需给每个学生准备的时间。为了让学生集中精力计数，笔者认为每次测量时最好由老师统一计时（曾在个别班试过让学生自己计时，但效果很差）。在老师按下秒表之前，必须确保测脉搏的同学都摸到了脉搏才能开始计时，这种等待往往要花费一定的时间。

（3）学生测量了一项数据之后，会不由自主地进行交流（你数的是多少，我数的是多少），往往计时一结束，学生的交谈声就响起来了，很难像老师设想的那样，测量完毕，马上记录下来，再开始下一次。而且，等学生安静下来、往记录表上填数字时，老师还要提醒他们填在正确的地方，以免出错。

（4）要测量运动后的呼吸、脉搏次数，必须让学生进行充分的活动，达到一定的运动量之后，测出的数据才会有显著的区别。通过几次试教，笔者认为，活动的组织形式可以是让学生在教室的走廊、过道上进行原地跳、高抬腿等活动，时间以一分半钟为宜。由于每次运动、测量只能安排一半的人进行，因此该环节耗时较多。

当上述几次活动进行完毕之后，如果再安排一次"休息3分钟以后"的测量活动，则后面的讨论交流等环节就几乎没有时间了。因此笔者认为，可以将第三次的测量活动省去，让学生课后去自主研究。

3. 去掉绘制统计图的环节，改为直接根据记录表分析数据

教材中安排学生在三次测量之后，将两类数据（呼吸、脉搏）分别绘成条形统计图，以便让学生发现数据之间的变化关系。我在第一次试教时，也给学生印发了绘图纸，让他们画出条形统计图，然而许多学生却不约而同地问："老师，怎么画呀？"后来咨询了五年级的数学老师，得知学生并没有进行过这方面的训练（绘统计图要到六年级才学）。鉴于这种情况，我干脆免除了绘图这一环节，让学生将所测得的数据填在表格上（见附表一），通过对统计表的分析，学生也很容易发现其中的规律。

附表一　学生的记录表及数据举例

| 姓　名 | 1分钟呼吸次数 | | 1分钟脉搏次数 | |
|---|---|---|---|---|
| | 安静时 | 运动后 | 安静时 | 运动后 |
| 陈ＸＸ | 21 | 40 | 83 | 155 |
| 李ＸＸ | 20 | 38 | 79 | 141 |

当每份表格填完后，在讨论交流环节，可以让学生将记录纸折叠一下，用曲别针或透明胶将同一小组的六个人的数据汇总起来（如下表），在更多的数据面前，学生还能发现更多的信息（详见教后体会）。

| 姓　名 | 1分钟呼吸次数 | | 1分钟脉搏次数 | |
|---|---|---|---|---|
| | 安静时 | 运动后 | 安静时 | 运动后 |
| 陈ＸＸ | 21 | 40 | 83 | 155 |
| 李ＸＸ | 20 | 38 | 79 | 141 |
| 赖ＸＸ | 19 | 41 | 78 | 160 |

| 王　X | 22 | 35 | 86 | 135 |
|---|---|---|---|---|
| 朱ⅩⅩ | 18 | 37 | 73 | 150 |
| 孙ⅩⅩ | 21 | 39 | 82 | 146 |

（二）教学过程及时间安排

| 教 学 环 节 | 学 生 活 动 | 时间 |
|---|---|---|
| 1. "考考你"：<br>（屏幕出示问题）在我们的身体里，有两个非常重要的器官，它们每时每刻都不知疲倦地运动着，从来也不休息。一旦它们"休息"了（不动了），人的生命也就结束了。你知道这是哪两种运动吗？ | 学生一般都能说出这是"呼吸""心跳"。 | 1分钟 |
| 2. 调查与预测：<br>①你知道自己在安静时每分钟心跳的次数吗？②你知道自己在安静时每分钟呼吸的次数吗？③你认为人在运动后呼吸、心跳会加快吗？ | 学生出示"√"或"✕"的手势作答。对第①②题，绝大多数都答"不知道"，预测的数值也千奇百怪。对第③题则多数都做出肯定的回答。 | 4分钟 |
| 3. 思考、讨论、练习：<br>①怎样知道你们的预测准不准呢？<br>②怎样测量呢？<br>当学生说出了摸脉搏以后，播放血液循环的视频，简要讲解心跳与脉搏的关系；示范摸桡动脉的方法；学生练习摸脉搏。<br>对呼吸的测量，可以播放一段人在呼吸的录像，让学生数次数，强调一呼一吸为一次；进行测量时，不能人为控制呼吸的快慢。<br>③怎样同时测出一个人的呼吸次数和脉搏次数 | 学生能说出应该进行测量。<br>关于心跳次数的测量，有学生边指着手腕处边说："可以摸这里。"<br>关于呼吸次数的测量，学生说出了可以将手指放在鼻子跟前、将手放在腹部静静地感觉等方法。<br>学生能想到两人合作，自己数呼吸，同伴帮忙数脉搏。 | 11分钟 |

| 4.测量安静时的呼吸<br>安静时1分钟的呼吸、脉搏次数。 | 两人一组,测两次,记录。 | 4分钟 |
| 5.测量运动后1分钟的呼吸、脉搏次数<br>学生做运动时播放节奏欢快的音乐,如《铃儿响叮当》,音乐时长1分半钟。 | 两人中一人先离座做运动,回来后立即测量并记录;再换另一人进行。 | 8分钟 |
| 6.讨论与交流:<br>从所测的数据中,你们发现了什么?你们能提出什么问题吗? | 学生将小组六人的数据汇总,进行讨论、交流;推选出发言代表。 | 4分钟 |
| 7.汇报 | 各小组汇报本组的发现和提出的问题。 | 7分钟 |
| 8 小结与评价 | | 1分钟 |

**（三）教后体会**

上完这一课后，有以下几点受到了听课老师的好评：

1.课的中途安排学生离座活动，且有欢快的音乐伴奏，既让学生放松了身心，活跃了课堂气氛，同时也满足了教学内容的需要，效果好。

2.给予了充分的时间让学生分析数据、讨论交流，学生在汇报时的发言令人刮目相看（香港的老师听完课后对我说："你们的学生太棒了！"）。试举几例：

A.我们发现运动后呼吸、心跳都加快了。

B.我们发现心跳的次数比呼吸的次数多很多。

C.每个人在规定时间内的心跳（呼吸）次数都不相同。

D.我们组两个女生的脉搏次数比四个男生的脉搏次数都要多一些，说明女生的体质没有男生的好。

E.我们组有两个大胖子，他们的脉搏次数比其他人的要多。

F.我们组计算出了安静时每分钟呼吸的次数平均是20次，脉搏次数平均是80次，脉搏次数是呼吸次数的4倍。

……

同时，学生也提出了一些非常有趣的问题，反映出他们对本次课测量的结果进行了一些思考，如：

A. 为什么运动后呼吸、心跳都会加快？

B. 呼吸和心跳是不是有联系？

C. 为什么人死了，就没有心跳和呼吸了？

D. 心跳、呼吸的次数应该是多少才算正常的？

……

3. 全课以学生的自主探究为主，老师引导学生经历了预测、思考、测量、记录、统计分析、交流研讨等科学探究的过程，培养了学生的合作意识，激起了他们探究生命科学奥秘的兴趣，学生在课堂上学得开心、投入。

# 五、"一杯水里能溶解多少食盐"教学案例及反思

（题记：2006年5月，本人执教了一节市级公开课，课题即为"一杯水里能溶解多少食盐"；随后写成本文，并于当年参加深圳市小学科学教学案例评选获得一等奖。）

## （一）教材分析

"一杯水里能溶解多少食盐"是教科版小学《科学》四年级上册"溶解"单元的第3课。

教材分为两部分：

第一部分：食盐在水里能无限溶解吗？这是学生在探究过食盐在水中怎样溶解得快之后可能会提出的问题，教材在本课开头也创设了情境，让学生自然提出了这个问题。

第二部分：这是本课重点要探究的问题，让学生在讨论的基础上制订一份简单的研究计划，然后付诸实施，估算出一杯水里能溶解多少食盐。

## （二）设计理念

1. 引导学生亲历科学探究的过程

课标中指出，"亲身经历以探究为主的学习活动是学生学习科学的主要途径"。我在设计本课时，力图让学生经历"发现问题——提出问题——制订计划——进行实验——讨论交流——得出结论——又提出新的问题"等过程，让

他们像"小科学家"一样来进行模拟的科学研究。

2. 源于教材而不囿于教材

课标中提出，要"用教材教而不是教教材"。根据课前对学生的了解及试教的情况，我对本课教材作了如下处理：

（1）对课的开头——"提出问题"部分进行调整。

教材的开头是：在食盐、烧杯、小勺子、筷子等实验材料的图片旁边，是这样的文字："把一小匙食盐倒在水里，搅拌几下，盐溶解了；再加一小匙食盐，搅拌几下，盐又溶解了；再加盐，再搅拌……"接着以一个小女孩之口提出了问题："不断地加盐，不断地溶解，不可能吧？"

我认为这样的开头太平淡，对学生没有吸引力。于是，我便设计了"比一比"的活动，将同一实验组的四人分成 A、B 两小组，看"谁能让袋里的盐在这杯水里全部溶解"。这样的活动，能很快调动起学生的兴趣，让他们的注意力一下子就投入到学习中来；而且，我在准备材料时，有意让 B 小组的盐量过多（只能制成过饱和溶液），这样，无论他们怎么搅拌，盐都不能全部溶解。此时，学生就会想到：是不是一定量的水里不能溶解太多的盐？从而引导他们提出问题：一定量的水里能溶解多少盐呢？

（2）对学生实验时所用的水量进行调整。

教材上以及教参上都提议用 50 毫升的水，让学生研究 50 毫升的水里能溶解几克（几匙）盐。根据氯化钠的饱和度来计算，常温下 50 毫升的水里大约能溶解 18 克的盐。如果让学生实验时 1 克 1 克地加盐，由于重复操作的时间长，不仅容易使学生失去耐心，而且也会花费很多时间，导致后续环节无法当堂进行。鉴于此，我将水量调整为 20 毫升。

3. 全员参与，小组合作

为了让每个学生都参与学习的过程，并让学生学会"合作与分享"，我在设计本课时，第一次的实验操作安排为两人一组（一人倒盐，一人搅拌、观察），第二次的实验则安排四人一组（有的加盐、有的搅拌、有的记录、有的观察、指挥），这样让每个学生都有参与的机会；同时也让学生意识到，只有大家都发挥了自己的作用，小组的研究活动才能高效率地完成。除了组内的合作外，在制订研究方案、分析研究结果等环节，我还安排学生进行全班的交流和分享活动。

4. 提供"有结构的材料"，保证探究的效果

教学过程毕竟只是一种"简约"的过程，学生的探究与科学家所进行的真正意义上的探究是有区别的。教师有效的引导及为学生提供"有严密结构"的材料，这是保证探究效果的关键。课前，我和几个学生多次做准备实验，对实验材料进行了多次改进：如，食盐中杂质较多，影响溶解的速度及可溶解的质量，改用分析纯的氯化钠后则效果好；用塑料勺来量取盐，结果很不准确，且差别太大，便改为将盐分装，1 克一袋，等等。

### （三）教学目标

1. 知识与技能

（1）认识在一定量的水中，食盐溶解的量是有一定限度的。

（2）初步学会测量食盐在一定量的水中可以溶解量的基本操作。

2. 过程与方法

能根据研究的问题制订一个简单的研究计划，并能根据计划开展研究，学会运用数据做出解释。

3. 情感态度价值观

能运用观察到的事实与他人进行交流，并在制订计划和实验操作中感受到科学探究的严谨。

### （四）教学重难点

重点：通过学生的自主探究，认识到一定量的水里只能溶解一定量的盐。

难点：制订研究计划，并按计划进行实验操作。

### （五）教学准备

1. 学生的准备

组建学习小组，选定小组长，并以组长的名字给小组命名。

2. 材料准备

第一次实验：A 份材料：50 毫升烧杯内装 20 毫升水，小塑料袋装 5 克盐，有机玻璃棒 1 根；B 份材料：50 毫升烧杯内装 20 毫升水，小塑料袋装 10 克盐，有机玻璃棒 1 根。

第二次实验：每袋 1 克的盐 5 袋；实验记录表。

备用材料：学生实验材料几份。

其他：课件、多媒体设备、记录表等。

**（六）教学过程**

1. 创设情景，让学生发现问题、提出问题

（1）看一看，你们面前的桌上都有哪些材料？（一小袋盐、20毫升的水，一根玻棒）

（2）A、B两小组比一比，谁能先让这一小袋盐在这杯水里全部溶解？（学生进行溶解盐的操作）

（3）汇报结果。（A小组的盐全都完全溶解了，B小组的盐没有完全溶解）

（4）找找原因：为什么B小组的盐没有完全溶解呢？把两份材料比较一下看。（学生把两个装盐的塑料袋一比较，发现：A袋上面写着"5克"，B袋上面写着"10克"，于是B小组的同学认为这不公平）

（5）给B小组的同学延长时间，让他们继续搅拌1分钟。（又搅拌1分钟后学生发现，那些盐还是没能溶解完。此时学生开始若有所思）

（6）请同学们放好材料。说说看，通过刚才的实验操作，你们想到了什么问题？

学生说出了以下几点：

A. 可能10克盐相对于20毫升水来说太多了，没法完全溶解；

B. 5克盐相对于20毫升水来说，可能还不够（或者刚好）；

C. 20毫升水里到底能溶解多少盐？

（7）确定本节课要研究的问题：20毫升水里能溶解多少盐？先让学生做出预测。（大多数学生认可5~10克这一范围）

2. 小组讨论，制定方案

（1）讲述：从问题到答案，得分三步走（课件出示）。第一步：制订研究方案。

（2）通过课件，给出一些提示：是从头开始研究还是利用刚才已经溶解了5克盐的A杯（或放入了10克盐、未完全溶解的B杯）继续研究？怎样研究？还需要哪些材料？小组成员如何分工？

（3）小组长召集本组同学讨论研究方案，并做简要记录。教师到各组巡视，参与部分组的讨论。

（4）小组派代表上前汇报本组的方案，其他组可以进行评价或补充。

学生想到的方案大多是利用刚才的A杯或B杯继续研究。研究的方法可分为两类：若从A杯开始，则继续加盐（1克1克地加），直到盐不能溶解为止；

若从 B 杯开始，则先通过过滤、烘干等操作，得到未溶解的盐，再称出其质量，计算之后，即可知能溶解的盐量。

（5）根据学生的汇报，将方案进行分类，请学生选择一个简单易行、适合在课上进行实施的方案。学生选择了从 A 杯开始的方案。

3. 小组合作，进行实验

（1）谈话：接下来，请同学们来进行实验研究。

用课件展示实验中要注意的一些事项：①一定要等杯中的盐溶解完了才可以继续加盐；②加盐时要对准杯口，不要撒在杯外；③搅拌时动作不要过大，防止水溅出；④当盐确实不能再溶解时，停止搅拌，整理好实验器材，填好实验记录表并上交。

学生阅读上述注意事项；同时，小组长找老师领取实验材料、记录表。

（2）组长对组员进行分工，然后按方案进行实验操作。

（3）学生记录实验结果，整理材料，上交记录表。

4. 分析数据，得出结论

（1）将各小组的实验结果输入电脑的统计表中。

（2）引导学生分析各组的实验结果，（是否有数值过大、过小的？可能是什么原因造成的？）

（3）引导学生计算出平均值。计算结果为 7 克。有几个数值与此接近或相同的小组显得很开心。

（4）出示科学家的研究结果：常温下，100 毫升水里能溶解约 36 克盐。照此计算，20 毫升的水里大约能溶解多少盐呢？（请学生计算）

（5）谈话：把你们今天研究的结果与科学家的结果相比，你们有什么想法？

5. 拓展与延伸

（1）谈话：如果在 20 毫升水中溶解白糖，那么，可以溶解的白糖会跟盐一样多吗？（学生预测：不一样多）

请同学们回家后自己去研究。

（2）杯中有这么多未溶解的盐、这么多浓盐水，如果倒掉多可惜，假如给你足够的时间、给你所需的实验器材，你还想研究什么问题？

学生想到的问题很多，如：怎样让这些盐继续溶解？怎样重新得到这些盐？换用热水，盐会不会溶解得更多？

老师告诉学生，这些问题，我们会在下节课继续进行研究。

（下课时组织学生将盐水收集起来，留待下次课使用）

### （七）教学反思

在一次深圳市的小学科学教学研讨会上，本人执教了这一课，教学效果受到了与会老师的一致好评，大家认为：本课的"三维"目标得到了较好的落实；"小组合作"收到了实质性的效果；教学环节紧凑，开头和结尾的设计富有新意；等等。

但反思本课的教学，笔者感到，以下的问题还需好好研究：

1. 课堂中"预设"与"生成"的关系问题

有"生成"的课堂才是精彩的课堂，但要处理好"预设"与"生成"的关系可不是一件容易的事。执教本课时，尽管课前做了不少的准备，但在不同的班级上课，依然有一些超出"预设"的新问题产生。例如，在"制订研究方案"这一环节中，个别班的同学就能想出"从 B 杯开始，用过滤、烘干的方法测出未溶解的盐量"这一方案，而有的班就几乎没人能想到，仓促间只好把这一内容跳过去了；还有的班想出的方法出乎老师的预料，如"将 A 杯 B 杯混合起来，看能不能溶解完"，细想起来，这一方案反映了学生思维的独到性，在某种程度上也有它的可行性，但本人当时在课堂上未引起足够的重视，未能肯定学生的这一方案并予以支持，只是敷衍过去了；再如，当各组的实验结果汇总之后，面对不同的数据（有的组为 6 克，有的组为 7 克），有学生提议说："再实验一次。"这本是一个很好的建议，但因课堂上的时间有限，无法满足这一要求。诸如此类的遗憾，皆因未处理好课堂上的"生成性问题"而造成的。因此，笔者认为，面对新课程，教师的确还需好好"修炼内功"。

2. 新课程的高要求与学生现有水平之间的差异问题

"让学生亲历科学探究的过程"，这对学生的整体素质有较高的要求，而多数学生的实际水平与这一要求之间尚有差距（这可能也与笔者上课的四年级尚未使用《科学》教材，而是仍用原来的《自然》教材有关）。在教学实践中笔者发现，学生最感兴趣的是"实验操作"，而对"制订方案""分析结果"等环节，往往不太投入，不太适应，存有一种依赖心理。笔者在试教本课时发现，当问题提出来之后，如果不加提示，让学生自己来讨论研究方案、写出书面计划，那简直是白白浪费时间。不得已，笔者只好将这一环节简化处理，将要学生书写的内容减少到最低限度。但这样一来，显得老师的引导过多，有"牵着学生鼻子走"之嫌。这就是一种矛盾。笔者认为，作为小学科学老师，应该从学生的实际出发，通过多种途径，经过长期的、坚持不懈的努力，由"扶"到"放"，让学生慢慢懂得如何进行科学探究，逐步提高科学探究的能力。

# 六、"比较水的多少"教学实录及反思

（题记：2007 年 5 月，应邀赴东莞执教此展示课）

## （一）引入

师指着讲台上放着的两杯水（用粗细不同、形状不同的杯装着，将水染成红色），说："同学们看，这儿有两杯水，你们认为哪一杯的水多呢？

生 1：一样多。

生 2：1 号杯的水多。

生 3：2 号杯的水多。

（注：由于两个杯中的水量差别不大，加上杯子的粗细、形状不同，凭肉眼很难比较出谁多谁少，所以学生出现三种猜测很正常）

师：你们能用科学的方法比较出它们的多少吗？

生：能。

师：同学们很有自信，老师欣赏你们！（出示课题）今天我们就来研究怎样比较水的多少。

## （二）学习新课

师：请同学们把你想到的方法跟小组的同学交流一下。

学生以 4 人小组为单位，在组长的召集下，开始了讨论交流。

师到各小组巡视，顺便给他们发了实验记录单，让各组学生选择一种最好的方法写下来。

反思：这一环节的设计不是最佳的，因为一旦要学生写，刚才还在热烈讨论的小组，变得安静了，学生的注意力全都转移到"如何写"上面，4 个人开始想，该怎么写呢？或者是，将写的任务交给一个同学，其他同学就无所事事了。老师发现了这一现象之后，鼓励同学们说："大家再想想，还有其他的方法吗？"但事实证明，三年级的同学还很不善于做记录，他们要一字一字地去斟酌怎么写。其实，可以让小组中选出一人做记录员，让他用自己能看懂的方式简单记下同学们所说的方法，到时能汇报出来就行了，不一定每次都是上课时临时给学生发记录纸，应鼓励学生每人准备一个记录本，每人养成记录的习惯，慢慢培养学生的文字表达能力。

5分钟后，师组织学生停止讨论，进行汇报：

生A：拿两个相同的杯，把水倒进去，比水的高度。

师：同意她的方法吗？

学生此时出现了两种声音，部分同意，部分不同意。

师：你们觉得她说的这种方法可行吗？

此时，学生的意见比较一致：可行。

**反思：** 教师的语言表达务必准确、符合学生的认知程度。从前一句问话来看，教师的本意是想了解其他学生对这种方法的认可程度，但"同意"一词，让部分学生误以为就是用别人的方法替代自己的方法，因而就有学生说出"不同意"来。幸好老师及时地发现并理解了学生的想法，改换了一种问话方式，让学生得以正确表达自己的想法。

师：其他组请继续汇报。

生B：再拿一个2号杯，把1号杯的水倒进去，再进行比较。

生C：再拿一个1号杯，把2号杯的水倒进去，再进行比较。

生D：先在1号杯的水平面处画一个刻度，把水倒出来；再把2号杯的水倒进1号杯，也画一个刻度。然后比较两个刻度，就知谁多谁少了。

师：同学们都开动了脑筋，想的办法都很好。但老师准备的材料有限，看，就给你们一个这样的杯（上下一般粗的透明玻璃杯）和一支油性笔，你们能做这个实验吗？说说看，怎么做？

生：先把1号杯的水倒进去，看水面在哪里，用笔画上刻度，然后将水倒回1号杯；再把2号杯的水倒进去，也画上刻度。刻度位置高的，水多。

在学生说方法时，师同时进行操作演示。强调：每次画完刻度后，一定将水倒回原来的1号杯和2号杯，留待后面再用。

各小组的材料员上来领取材料，分组进行实验操作。师在各组巡视。

实验完毕，整理好材料。组织学生坐好，汇报结果：

生：1号杯的水比2号杯的多。

师：其他组的结果呢？（学生表示认同）

师在屏幕上出示结果。

师：比出了两杯水的多少，你们满足吗？

生：满足。

**反思**：教师的本意是想激起学生继续探究的欲望，但学生的回答显然有偏于老师的预设，学生只是说出了他们此时的心理体验。

师：（课件出示）一个小男孩又想到了新的问题：1号杯的水比2号杯的多多少呢？你们知道吗？

生：2厘米。

生：2毫米。

生：1毫米。

师：噢，你们用刚才的刻度差来估计呀？但"毫米"可是长度单位啊。有没有谁知道，水的多少用什么单位表示？

生：毫升。

师：怎样知道杯里的水有多少毫升呢？（学生思考）

师：我们取出一个仪器（出示一个100毫升的玻璃量筒）

生：试管？

师：它很像试管，但又不同，放大了给大家看（屏幕出示量筒的照片，并介绍名称及用途）。看一看，量筒上面有什么？

生：有刻度，毫升。

（师板书：毫升 ml）

师：会读数吗？（在图片上指出一个刻度）到这儿，是多少毫升？到这儿呢？

**反思**：在平面图上引导学生读数，难度要小些，学生一般都会。这也为后面用量筒测量后的读数作了铺垫。

师：现在就用量筒来测量一下吧。（演示：将1号杯的水倒入量筒中）请一个学生上来帮忙读数。

当学生说出读数后，师故意从俯视的角度也报出一个与学生不同的读数。

师：怎么我的读数和他的不同呢？谁对谁错呢？

生：老师的错了，站得太高了。

师：看来读数时一定要掌握正确的方法（师通过课件介绍），强调两点：1.倒入液体后，等稳定了再读数；2.液面的最低处与眼的视线相平。

材料员上前领取量筒，学生分组进行测量，并记录结果（1号杯的水有___毫升，2号杯的水有__毫升，1号杯比2号杯多__毫升）。

测量完毕后,整理材料。各组的材料员将量筒、玻璃杯、油性笔等材料上交。组织学生坐好之后,汇报实验结果。

师小结:比较水的多少,我们今天用了两种方法(板书):1.比刻度;2.量多少。还有很多其他的方法,同学们课外可以自己去试。

### (三)拓展与延伸

师:考考你们(课件出示),猜猜有多少:(屏幕上依次出示几种饮料的图片,同时出示实物,等学生回答之后,出示答案)

1.这瓶牛奶有多少呢(250毫升蒙牛纯牛奶的图片)?

(一学生非常肯定地答出:250毫升,与出示的答案一模一样)

师:你怎么猜得这么准呢?

生:我经常喝这种牛奶,看到了上面写的"净含量250毫升。

师:你善于观察,好样的。

2.这瓶矿泉水,有多少呢(330毫升"益力"矿泉水的图片)?

许多学生举手,师让学生说给同桌听,然后出示正确答案,看谁猜得最接近。

3.这一大瓶纯净水呢(600毫升"景田"纯净水的图片)?

生:500毫升、750毫升、550毫升……

当出示正确答案后,部分学生有失望的表情,大概是在懊悔喝水时为什么没注意它的净含量呢。

4.这么大一瓶橙汁,会是多少呢(1.5L的橙汁瓶的图片)?

在学生猜过几次之后,出示正确答案:净含量1.5L。

师:这里写着1.5L,"L"表示什么意思?

生:升。

师:你知道"升"和"毫升"是什么关系吗?

生:1升=1000毫升

师:很对。1.5 L=1500 ml

师:这么大一瓶"饮料",想喝吗?(生齐声:想!)这不能给你们喝,别看它的颜色很诱人,其实这里面装的是红墨水(学生的表情很失望)。所以你们不要被表面现象所迷惑,尤其是吃的、喝的东西,一定要讲卫生。如果你们口渴了,喝水是最好的。

说到喝水,这里又有一个问题(课件出示)。

生:拿量筒量。

师：（拿出一杯水）这个量筒一次量不完，怎么办？

生：您那里不是有很多量筒吗？多用几个量筒装就行了。

（评：在这种场景中，他们很容易就想到了这种教材中所预设的学生会想到的方法；但如果放在开头的环节，让学生去空想，往往要花费不少的时间去启发诱导）

师：（出示一个500毫升的大量筒）两种量筒，你们觉得用哪一种好？

生：用这个大的好，一次就可以测出来。

师演示，把那杯水倒进去，找一个学生读数。然后，全体学生计算两杯水的总量，得知不够1500毫升，还要多喝点水才行。

师：我们不仅要关注自己的健康，也应该关心一下我们的爸爸妈妈。给大家布置一项家庭作业（课件出示："关心家人健康，提醒爸妈每天饮水量要达到1500毫升"），有困难吗？（生：有）说说有什么困难？

生：没有量筒，怎么量啊？

生：我爸不喝水，只喝茶。（师：喝茶也行）

生：我爸整天都不喝水。（师：那可不行，你得劝劝你爸，工作再忙，也要喝水）

生：我爸不喝水，只喝酒。（大家笑）

师：刚才有同学说没量筒，那把老师的这个给你们带回去吧？

生：不行。

生：哪里卖量筒？我想去买一个。

师：在化学仪器商店有卖。但没有量筒，可以想其他办法呀！说说你能想出什么方法？

生：拿一个1.5升的饮料瓶，装满水，给爸爸妈妈带着，让他们一天喝完。

生：拿上次测肺活量的那个塑料袋（注：指材料袋中的简易肺活量计）来量，把口剪掉，把水倒进去测量。（师找出简易肺活量计，展示给大家看，上面有刻度。表扬该学生）

师：我们还可以自己做一个"量筒"，（出示自己用600毫升的"景田"纯净水瓶做的简易量筒）同学们在家也可以找些材料，自己动手做一做。

# 七、"奇妙的指纹"教学实录及反思

（题记：2007年11月在宝安区组织的"名师送教"活动中执教"指纹"一课，随后写成本文，收录在《宝安名师教育教学案例》中出版）

## （一）背景分析

"奇妙的指纹"是教科版小学《科学》三年级上册第三单元第二课"我的手"的第二课时，主要内容是让学生通过拓印指纹、观察指纹的活动，知道每个人的指纹是不同的，同一个人不同手指的指纹也是不同的。

《科学（三～六年级）课程标准》中指出，"小学科学是以培养科学素养为宗旨的科学启蒙课程""科学学习要以探究为核心"，因此，在科学课的教学中，老师重在引导学生经历科学探究的过程，并通过这一过程达成"三维"目标。三年级是开设科学课的起始年级，学生的科学探究能力还不强，因此，教学中老师必须进行有效的引导，以保证探究学习的效果。

## （二）教学过程实录

1. 引入课题

师：请看屏幕——这是一个同学画的图形，说是自己身上的，你们能找到类似的图形吗？在哪里？

生：哦，指纹。在这里（扳起手指看）。

师：对。在我们手指末端，有一些细线组成了特定的图形，这就是指纹。今天我们就来一起研究指纹（板书课题）。

2. 学习印指纹

师：请同学们观察一下自己的指纹。老师也来观察自己的……咦，你们有没遇到困难？

生：不太好观察，看不清楚。

师：是啊，就这样扳着手指看，不好做研究。能想出更好的办法吗？

生1：用放大镜看。

师：好的。老师给大家准备了。还有别的办法吗？

生2：拿印泥，把指纹印下来。

师：请你上来给大家演示一下。

老师将白纸、印盒放在实物投影上，学生将手指在印盒上按压后，印在白纸上。师将指纹放大，让其他学生评价。学生发现指纹看不清楚，摇头。

师：可能刚才这位同学按压的力度没掌握好，所以印下来的指纹不清晰。但这位同学敢于尝试，我们还是要表扬她。还有不同的方法吗？

生3：拿铅笔涂在纸上后……

师：也请你上来给大家演示。

师给学生一张涂了铅笔芯的纸片，生用一个手指在铅笔芯处反复涂擦，使指头染黑；然后，师帮助学生揭下透明胶纸，贴在指头上，压紧，再把胶纸揭下来，贴在旁边的白纸上，纸上即出现了清晰的指纹，下面的学生不约而同地说："哇，好清楚哦！"

师：看来这种方法不错。你们想不想试试？

生（齐）：想！

师：满足你们的要求。请组长上来领材料，发给每个同学。每人印一个指纹，贴在指定的地方。

学生拿到材料后，开始操作；教师在各组巡视，提醒学生将撕下透明胶之后的纸片放在盘子里，注意保持卫生。

各小组在实物投影上展示本组拓印的指纹。对于个别没做成功的同学给予鼓励。

3. 观察、比较指纹，发现指纹各不相同

师：同学们，光会印指纹，还不够，指纹还有很多秘密值得我们去研究呢！先来看下面这两个问题，请你用"是"或"否"的手势来表达你的看法：

（课件出示题目）

（1）不同人的指纹，相同吗？

（学生几乎都出示了"否"的手势，师将学生的想法记录下来，后面加了一个"？"）

（2）同一个人的不同手指的指纹，相同吗？

（多数学生出示了"否"的手势，少数学生出示了"是"的手势。老师将两种看法都记录下来，在后面分别打上"？"）

师：答案到底是什么呢？请同学们自己来研究吧。

师：请小组长长召集大家讨论一下，这两个问题，该怎么研究？需要什么材料？怎么做？

学生开始讨论，教师参与其中的几个组讨论。

师：请将你们组的方案说给大家听听。

生1：第一个问题，我们组打算这样做：把我们几个人的指纹像刚才那样印下来，然后用放大镜仔细观察，看是否相同。

师：其他组的同学，有补充吗？

生2：不可能把每个手指都印下来，那样太费时间。

生3：可以印每个人的相同的手指，比如左手食指。

生4：要研究很多人的才行，哪有那么多时间？

生5：我们可以分小组研究，再把大家的结果汇总起来。

师：同学们想得很周到。把大家的意见集中起来，我们可以这样来研究（课件出示研究方案）。

师：第二个问题该怎么研究，哪个组来汇报一下？

生1：把自己的十个指纹印下来，仔细观察，看是否相同。

生2：用铅笔芯把自己的手指涂黑后，指纹就能看得很清楚，不印下来也行。

生3：我就比较自己的左手和右手的相对的手指，看是否相同。

师：方法可以有很多种，大家可以按自己喜欢的方法去做。

师：请小组长上来领取实验材料。可以先选择其中的一个问题进行研究；有时间的情况下再研究第二个问题。

学生开始进行实验研究；教师到各组巡视，予以必要的点拨指导。6分钟后整理材料。

师：请各组汇报一下你们研究的结果吧。

生：我们研究了第一个问题，发现我们组4个人的指纹各不相同。

师：其他组研究过这个问题的，结果如何？

生：不相同。

师：第二个问题，哪些组研究了，来汇报一下。

生：也是不相同的。

师：有不同意见吗？

师发现一学生欲言又止，便请她起来发言。

生：好奇怪！我的左手大拇指与右手大拇指的指纹简直是一模一样的。

师请她到前面来，在实物投影上展示这两个指纹，请其他同学观察。

通过观察，同学们发现了，这两个指纹是很像（都是斗形纹），但仔细看，还是有区别的。老师又从课件中调出来了另外几个很相似的指纹，让学生观察，大家也都找到了不同点。

师：很欣赏这个同学敢于表达自己真实的想法，观察到了什么就说什么，这很好。这个同学提出的问题，也提醒我们每个同学，在进行观察研究的时候，一定要——（师故意停下不说）

生：认真仔细。

师：好了，我们来看看科学家研究的结果吧（课件出示）。科学家通过对许多人的指纹的研究，到目前为止，还没有发现世上有两个人的指纹是完全相同的；而且，同一个人的十个手指的指纹也是各不相同的。

教师板书（不同人的指纹，不相同；同一个人不同手指的指纹，也不同。）

学生在书上记下对这两个问题的研究结论。

4.拓展、应用

师：指纹真是奇妙啊，每个指纹都不同。人们知道了这个特点，一定会去利用的。同学们，你知道在哪些地方用到了指纹吗？

生1：小区进门的时候，要按指纹。

生2：大人签合同的时候，要留指纹。

生3：去香港过海关的时候。

师：老师去参观高交会的时候，看到了这样的锁（课件出示指纹锁的图片），有谁见过或用过吗？来给大家讲讲。

生1：这种锁是不用钥匙开的，只需把指纹先存进去，开锁时，把手指往那一按，锁就开了。

师：其他同学有问题要问他吗？

生2：如果是小偷来了，把手指一按，锁会开吗？

生1：不会。因为每个人的指纹是不同的。

师：我也想问一个问题——有一天，这家的主人开门时，用食指按上去，开不了；换了大拇指，门就开了，这是怎么回事呢？

生3：我知道！这个锁啊，原来存的是哪个手指的指纹，就必须用哪个手指开。因为我们刚才学了，同一个人的不同手指的指纹也是不同的。

师：你说得真好！

师：应用指纹的地方还有很多，同学们可以上网去查看这方面的资料。

师：好了，同学们，今天我们研究指纹，大家的收获可不小啊！谁来说说？

生1：我们知道了，不同人的指纹是不同的。

生2：我们学会了怎样印指纹。

生3：我们了解了指纹锁。

生4：我们知道了自己的十个指纹是各不相同的。

师：关于指纹，你还想知道什么，或者研究什么吗？

生：我想利用今天学的研究指纹的方法，回去后去研究一下爸爸妈妈的指纹，把我的和他们的对比一下。

师：很好的想法。建议同学们回去后可以建立一个家庭成员的指纹档案（课件出示老师课前用两种方法制作的指纹档案的照片），利用这个档案，同学们可以继续研究你感兴趣的问题。下课。

### （三）教后反思

本课引导学生经历了提出问题、预测、制订方案、实验验证、讨论交流、解释应用等过程，让学生通过自主探究而建构了新的科学概念，学会了基本的研究指纹的方法，并在交流研讨中获得了一些新的信息，体验到了合作与分享的必要性。从课的整个进程来看，可以说是较好地达到了教学目标。

反思本课的教学，以下问题值得关注和思考：

1. 必须了解孩子真实的想法

新的科学概念的建构，是基于学生原有认识的基础上的。本课在对"指纹是否相同"这一问题做前测时，95% 以上的同学都认为"不相同"，但事实证明，这种认识，往往只是听别人说的或是在书上看的，并没有真正内化成自己的认识。因为在与学生接触时我发现，许多学生把形状相似（即同一类型）的指纹认为是相同的，只是因为别人都说指纹是不同的，他就在心里疑惑——为什么我看到的是相同的呢？就像本课中那个学生提出来的问题那样。我很庆幸我在上课时及时鼓励学生表达了这一具有一定普遍性的想法，并把它作为一个新的问题抛给学生，让学生自己去再观察、再发现。终于，他们自己认识到了，来自不同手指的看起来很相似的两个指纹，仔细去比较，还是能发现不同点的。这样，他们就真正认识到了，不同手指的（不管是来自同一个人的，还是不同人的）指纹，的确是各不相同的，因此，指纹就可以作为一个人的身份的特征。试想，如果老师没有想办法去了解孩子的真实想法，他们对指纹的认识就可能存在"两张皮"：一方面是来自权威人士的观点，即指纹是各不相同的；另一方面是自己在观察中发现的，有些指纹是一样的（实则是外形相似但却并不完全相同）。这两种认识可以并存于学生的头脑中，长此以往，对学生的发展是很不利的。

2. 对内容与时间的安排还需要斟酌

反思"学生为什么会把相似的指纹当成相同的"这一问题，结论是，因为本课内容较多，没时间指导学生研究指纹的类型；而事实证明，学生在观察指纹时，往往是先把相似的指纹放在一起，认为它们是一样的。基于这种情况，本课应该安排时间，先让学生给指纹分类，再去仔细比对同一类指纹，找出它们的不同点。这样的安排，才是比较符合学生认识发展实际的。那么，这样一来，一节课就没法完成了，可能要安排两个课时。

此外，本课中所采用的提取指纹的方法，也比较费时费力。经过多次的试验，要想得到清晰的指纹，较适合学生做的方法就是像本课这样，用铅笔芯涂抹指头后再用透明胶取下来。但在实际操作中发现，学生的动手能力较差，提取一个指纹要花较长的时间，而且还不一定成功。而比较简单的用印泥按的方法，学生往往掌握不好力度，印出来的指纹要么太浓、纹线重叠；要么太淡，纹线缺失或看不清。是否有更省时省力、便于学生操作的提取指纹的方法，有待继续研究。

# 八、"溶解的快与慢"教学设计

（题记：本文写于2008年10月校级公开课之后，创新点为实验方法的设计）

【教学目标】

1. 科学概念：可溶性固体物质在水中的溶解速度与物质表面积的大小、水的温度以及混合溶液是否被搅动等因素有关。

2. 过程与方法：知道对比实验是一种常用的科学方法，体验对比实验的公平性，能用控制单个变量的方法进行对比实验。

3. 情感态度价值观：愿意将对比实验这种科学方法运用到解决同类科学问题的研究中去，发展公平实验的意识。

【教学重难点】

重点：通过对比实验，知道加快物质溶解的方法；

难点：会进行对比实验。

**【材料准备】**

演示材料：两个大烧杯（编为1号、2号）；两块同样大的高锰酸钾（一个塑料袋），滴管；提前烧好热水；4颗同样的糖果。

分组材料：1号、2号杯，盐盒；保温杯（提前装好热水）；一块肥皂（9个组，各组的肥皂一样大）；每组两根玻璃棒。课件。

**【教学过程】**

师：上科学课，同学们最喜欢做实验了。看看潘老师今天都准备了什么材料——（实物投影显示）高锰酸钾、食盐、肥皂（课件，图片，文字）这几种固体物质在水中都是可以溶解的。那么，如果让它们溶解的速度快一些，你会用到什么方法呢？（此部分为引入）

生：（略）

（师根据学生的回答进行板书）

　　　快　　　　　　慢

1. 弄碎　　　　块状

2. 热水　　　　冷水

3. 搅拌　　　　静置不动

师：你们说的方法真的可行吗？我不信，有的同学可能也不信（在黑板上打上三个"？"，你们能用实验的方法来证明吗？

师：我们来一种一种研究。（用白纸把后面两种遮挡起来）先看第一种。我从这挑出两块一样大小的高锰酸钾，要证明碎的比块状的溶解得快，你们说，该怎么做？

点学生说方法，其他同学可以补充；对于没说到的，老师加以引导，形成科学的对比实验方案。与此同时，老师在实物投影上进行演示。

待看出结果之后，老师说："现在我相信这第一种方法是可行的，你们呢？"将黑板上第一个问题的"？"擦去。

师：刚才我们所用的实验方法，就是科学研究中常常用到的对比实验（在原写"比"字的地方写出"对比实验"这几个字。同学们回想一下，在刚才的实验中，不同的条件是什么？（待学生回答后），板书——不同条件：一个。再来看，相同的条件有哪些？（点学生回答）板书——相同条件：多个。像这样进行实验，结果的不同，只与这一个不同条件有关。

同学们现在会做对比实验了吗？好，剩下的这两个问题，就由你自己来设计实验方案吧。为了节省时间，我们全班九个小组来个分工：1、3、5、7、9组，研究"热水"与"冷水"的对比；2、4、6、8组，研究"搅拌"与"不搅拌"的对比，用食盐来做（电脑出示问题）。各小组先用两分钟的时间讨论一下该怎么做。

（两分钟后）师：请小组派代表来汇报你们的方案。

点一个组先说，其他组可以补充。两个方案依次汇报。在学生汇报之后，课件出示方案。（设置超级链接返回）

师：接下来我们将进行对比实验。老师有两点提示：1.加完盐之后，盐盒及时上交；2.观察到结果之后，放好烧杯及玻璃棒（先不上交），每人填写记录单。（课件出示）

点一个学生宣读记录单（两个问题各点一个学生）。

师：其他组的结果怎样？（学生可能说"跟他的一样"）

师：（指黑板）那这里的两个问号可以擦去了吧。

师：刚才我们研究的问题都是在比物质溶解的快与慢（板书），通过对比实验，我们知道了这样的三种方法，每一种都可以使溶解的速度加快。假如把这三种方法结合起来用，会怎样？（生：会更快）你们想不想试一试？

那么现在，我想让你们各个小组来比试一下：给你们提供相同的条件——一块同样大的肥皂，还有同样的玻璃棒（刚才没领的小组可到材料区来取）、装在保温杯里的同样温度的热水，你们桌上都有两个同样的烧杯（不过等一下实验时要把刚才用过的盐水倒掉，冲洗一下），看哪个小组能用科学的方法，还能进行合理的分工，来让这一块肥皂尽快地溶解？先讨论1分钟。想好要领什么材料。（停止讨论，材料员上来领材料，计时开始）

音乐伴奏，学生操作。

已经完成的组，小组4个成员上台展示。

请他们介绍经验：怎么做的，4个人怎么分工的？

师小结：他们不仅用上了三种加快溶解的方法，而且4个人同时进行不同的操作，合作、分工恰当，所以就快。其他比较慢的小组应该好好想一想，从他们组可以学到什么。

师：老师奖给这个小组的同学每人一颗糖。不过呢，还要交给你们一个研究的任务——比慢：看怎样吃糖果，速度最慢，也就是说，怎样让糖果在口里面停留的时间最长？其他同学都想研究吗？老师这儿没有那么多糖果，回去后请家长给你们准备几颗糖果，按照课本 20 页表格上的方法做对比实验，自己测一下时间，填写下来。

# 九、谈"导体与绝缘体"一课的材料创新与教法改进

（题记：本文获深圳市 2010 年小学科学教师论文评比一等奖）

【摘要】本文介绍了在教学"导体与绝缘体"一课时遇到的困惑及解决的办法。通过寻找新材料来改进电路检测器，课堂上让学生亲自动手实验，检测出铅笔芯、湿布等物体能导电，从而帮助学生认识了导体和绝缘体，增强了安全用电的意识。

【关键词】新型电路检测器 学生检测 导体 绝缘体

## （一）发现问题

教科版四年级下册《科学》有"导体与绝缘体"一课，教材的主要内容是指导学生利用电路检测器来检验生活中常见的一些物体哪些是导体、哪些是绝缘体；在后面的拓展部分是对学生进行安全用电的教育，如不能用湿手、湿抹布去接触电器等等。我在备课时想到：这两部分的内容如何衔接起来呢？也就是说，如果学生在前面做实验时能够检测出湿布、湿手能够导电，那么后面的拓展部分不就会水到渠成了吗？可是，当我找来材料准备做实验时发现：用课本上的电路检测器来检测铅笔芯，有的能使灯泡亮，有的则不亮；检测湿布、湿手，灯泡一点也不亮，即使把布条浸在盐水中、增加串联电池并改用更小的灯泡，也还是不行。这让我犯愁了，如果只是按课本上的方法去上课，那不就是"实验结果"与"书本理论"两张"皮"吗？只靠空洞的说教而不让学生亲自感知，教学效果肯定大打折扣。

于是我开始想办法来改进电路检测器。既然灯泡不能灵敏地显示电路中有电流通过，找什么来替换呢？冥思苦想后，我突然想起了发光二极管，这个材料，我曾在"少年科学实验箱"的"化学箱"中见过，里面有几个实验就是用发光二极管来检验不同溶液的导电性的，何不用它来试试呢？说干就干，我找来一个发光二极管，替换下电路检测器中的灯座及灯泡，然后把铅笔芯连上去，灯

亮了；再把湿布条连上去，也亮；又去试湿手、自来水等，灯都能亮，只是亮度会有区别。这一发现令我太高兴了！查资料得知，发光二极管的工作电流

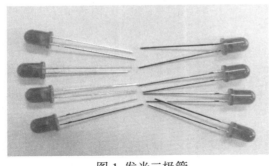

图1 发光二极管

很小，3毫安就能发光，0.5毫安即有显示，人们常用它来显示电路中有没有电流，它比小灯泡节能，而且更灵敏。看来我找对材料了！于是，我利用周末的时间跑到电子材料市场给学生买来了一些发光二极管（见图1），又从学生的材料袋中收集了足够多的电池盒和导线。有了这些电路元件之后，我便开始改进实验材料，实施新的教法。

### （二）材料创新及教法改进

我给每个小组准备了以下材料：

1. 电路检测器（与教材上的相同，只是将各个组件固定起来，见图2）

2. 新型电路检测器（串联三节电池，上接发光二极管，注意：必须将电池的正极连到发光二极管的长支架上。见图3）

3. 铜片、铁片、铝片、塑料片、木片、纸片、干布条、浸泡在水中的湿布条、铅笔芯等

4. 实验记录表一张（表中所列的物体，除上述之外，还增加了"人的湿手"一项）

图2 电路检测器

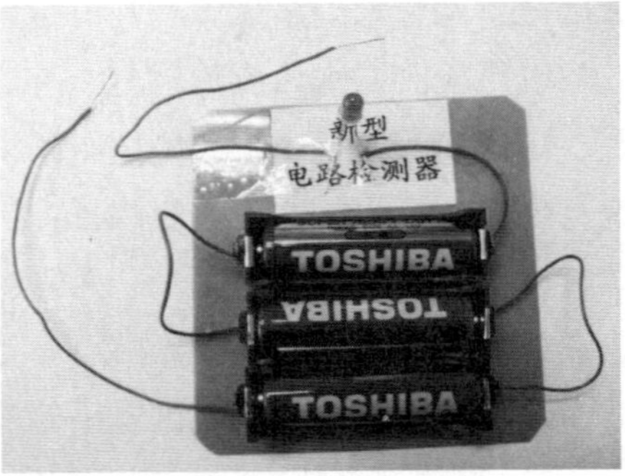

图3 新型电路检测器

### （三）教学过程

1. 简单引入之后，出示电路检测器（前一节课学生已用过）和待检测的各种物体，请学生预测：若把这些物体分别连到检测器中，哪些能使小灯泡亮？

哪些不亮？将预测的情况填写在记录表中。

2. 学生分组进行实验，并在记录表上填写检测结果。

3. 汇报：预测的与实验结果比较，哪些一致、哪些不一致？

从汇报的结果来看，典型的导体（如铜铁铝）和典型的绝缘体（如木头、塑料、纸片、干布等）学生的预测与实验结果比较一致，没有提出什么异义；而对后面的几种，则出现了很多不一致的情况：

（1）许多学生预测铅笔芯不导电，可实验结果却是有的组灯泡能亮、有的组不亮；

（2）部分学生预测湿布、湿手能导电，可每个组的结果都是灯泡不亮。

学生满腹疑问，教室里一时"炸开了锅"。出现这样的情况，正是老师预

图 4 检测湿布

料之中的事情。能引发学生认知上的矛盾冲突，激起学生继续探究的欲望，这可是一个教学契机。

老师对学生说："同学们请看：我发明了一种新型电路检测器，也许它能帮助你们解决问题。"老师将改进后的电路检测器放在实物投影上，请学生观察它与之前的检测器有什么不同。学生很快就发现了：电池增多了，灯泡也不一样，小了很多。老师简单介绍了一下发光二极管的特点，并演示了检测湿布时灯亮的过程（见图4），学生惊奇不已，都想亲自试一试。

4. 将"新型电路检测器"发给各小组，由学生再次检测，并记录。

这次实验时，学生不仅检测了铅笔芯、湿布、湿手等前次实验时他们存有疑惑的物体，而且还把木头、塑料、铜铁铝等物体也重新检测了一遍，部分小组的同学还试了其他自己找来的物体。

5. 汇报：哪些物体连到新型电路中检测器中能使灯泡亮？哪些不亮？

这一次汇报时，各组的实验结果趋于一致。老师引导学生将这些物体分成两类——容易导电的（铜片、铁片、铝片、铅笔芯、湿布、人的湿手等）和不容易导电的（塑料片、木片、纸片、干布条等），并介绍了"导体"和"绝缘体"这两个名词。

此时，老师故意问学生：你们实验了两次，在第一次实验时有几种物体并

不能使灯泡发亮，只是在第二次才发现它们能导电的，你们到底相信哪一次的结果呢？为什么？

学生说：可能这些物体的导电能力不像铜铁铝那么强，所以第一次实验时没能检测出来；老师发明的这个电路检测器更先进一些，更灵敏一些，所以才能检测出来。我们相信第二次的结果。

老师肯定了学生的分析，并鼓励他们以后遇到有疑惑的问题时不要轻易放弃，要多想办法去解决。

6. 小结与回顾，并进行安全用电的教育。

在这一环节，当老师请学生说说这节课有哪些收获与体会时，学生纷纷发言：

有的说："我以前只知道像铁一类的物体能导电，没想到今天通过实验还发现了铅笔芯、湿布、自来水也能导电。"

有的说："我们人的手也会导电，以后使用电器时真的要小心了。"

还有的说："老师，你给我们用的这个发光二极管太神奇了，我也想买一个回去做实验。你告诉我们在哪里买的呀？"

……

### （四）教后体会

当学生带着兴奋和满足恋恋不舍地离开实验室时，我这个科学老师也感到了一种由衷的快乐。虽然创新材料的过程花费了自己不少的时间和心血，但能够给学生提供这种直观感知、亲身体验的机会，帮助他们建立新的科学概念，这样的付出，是值得的。

反思这节课的教学过程，我感到较为成功的地方在于：不仅让学生经历了自主探究的过程、学到了一定的科学知识，更重要的是在这一过程中还对学生渗透了科学精神、创新意识的培养。我想，课程标准中所要求的"培养学生科学素养"的目标，也许正需要我们科学老师一点一滴地在每一节课的教学中去落实吧。

# 十、"电磁铁的磁力"探究学习教学案例

（题记：本文于 2011 年 5 月参加全球华人探究教学案例研讨会，荣获三等奖；该课例也是 2010 年 12 月本人申报深圳市中青年骨干教师时，接受评审组评委现场听课的课例）

## （一）教学设计

| 年级 | 小学六年级（上学期） | 学科 | 科学 |
|---|---|---|---|
| 章节 | 教科版小学《科学》第四单元第 4 课"电磁铁的磁力" | 学时 | 1 课时 |
| 教学目标 | 1. 知道电磁铁的磁力大小是可以改变的，与串联电池的数量、线圈的圈数等因素有关系<br>2. 经历一个完整的科学探究过程：发现问题，做出假设，设计实验，收集证据，汇报交流，共享成果<br>3. 培养严谨的科学态度，体会到开展合作的必要性和重要性 | | |
| 教学重点、难点 | 教学重点：通过对比实验来研究影响电磁铁磁力大小的两个主要因素：线圈圈数、电池数量<br>教学难点：对比实验的方案设计及严格控制变量进行实验 | | |
| 学习者分析 | 经过了三年的科学课的学习，六年级的学生已具备了一定的科学探究能力，并且，在平时的教学中，已经按"组间同质、组内异质"的原则将学生分成了 15 个合作学习小组，组内成员有初步的分工；对于本课中将要用到的"对比实验"的方法，学生在四、五年级的科学课中已有接触，但需要进一步强化。从前后内容的衔接来看，学生在本单元的前一课"电和磁"的学习中，已通过实验探究知道了电和磁的关系、电磁铁的组成及特性等，本课是在前一课的基础上进一步研究电磁铁磁力大小的问题，这也是学生感兴趣的问题 | | |
| 教学环境 | 科学实验室，4 人小组围坐，全班编为 1~15 小组，奇偶数小组相邻而坐 | | |
| 教学资源 | 电子白板、电脑、视频展台、黑板；学生人手一份学习记录单（反面为评价表）<br>分组实验材料：<br>1. 导线缠绕圈数分别为 20 圈和 40 圈的电磁铁、1 节电池、小铁圈若干<br>2. 导线缠绕圈数为 40 圈的电磁铁、小铁圈若干、1 节电池及 3 节串联在一起的电池（均为同品牌的 5 号新电池）<br>演示实验材料：教师制作的磁力较大的电磁铁 | | |

| 教学过程 | | | |
|---|---|---|---|
| 教学环节 | 活动设计 | | 设计意图 |
| | 教师的活动 | 学生的活动 | |
| 1. 引入新课 | 谈话：上节课，同学们学会了制作电磁铁，并通过实验知道了电磁铁的一些特点，今天我们来研究电磁铁的磁力大小这一问题（板书课题） | | 开门见山，导入新课 |
| 2. 实验测试，比较数据，发现问题 | （1）（在视频展示台上出示电磁铁、电池及用盘子装着的小铁圈）提问：怎样测出这个电磁铁的磁力大小并用数据表示？ | （2）请同组的两个学生上前演示测试方法，并希望学生说出：能以电磁铁一端吸起小铁圈的个数来表示磁力的大小 | 由学生演示操作，便于诊断学情，进行有针对性的指导 |
| | （3）小结测试的方法及注意事项（课件出示）。 | （4）小组实验：组长从抽屉中拿出实验材料，小组合作，测试电磁铁的磁力大小，测两次，取平均值，将数据记录在实验一的表格中 | "重复测试，取平均值"，这里渗透了科学方法的教育 |
| | （6）引导学生观察黑板上各组填写的数据，看能发现什么。 | （5）小组长代表本组将测试的数据（平均值）填写在黑板上老师事先画好的表格中 | "分享结果"也是一种重要的科学方法 |
| | （8）选取奇、偶数组的一个组，将材料在视频展示台上摆出，看学生能发现什么？ | （7）预计学生能发现：黑板上的数据中，左侧奇数小组的数值普遍大于右侧偶数小组的；而且，奇数小组中，第15组的数值又明显高于另外几个组的 | 带有一定普遍性的现象，必定能引发学生的思考，激起他们的探究欲望。在这里，教师事先对有关小组的材料进行精心的安排，有利于让学生发现问题，并使后续的探究活动进行下去 |
| | （10）再将15组的材料与另一奇数小组的材料展示出来，看学生能发现什么？ | （9）发现两份电磁铁的导线缠绕的圈数不同；相邻的两个小组比较实验材料，发现不同点 | |
| | | （11）发现电池的节数不同，第15组的为3节电池，其他组为1节电池 | |

| | | | |
|---|---|---|---|
| 3.提出假设 | 提问：根据刚才的实验结果，你们认为，电磁铁的磁力大小可能与哪些因素有关 | 预计学生能说出：导线缠绕的圈数以及电池的节数可能会影响电磁铁磁力的大小 | "假设"是科学探究的重要环节。由于有了一定的直观经验，学生便能够很容易地提出假设 |
| 4.设计方案 | （1）谈话：你们能设计出对比实验的方案验证你们的假设吗？分工：奇数组研究"电池节数不同"的问题；偶数组研究"导线缠绕圈数不同"的问题<br><br>（4）根据学生的汇报情况进行必要的提示和指导，重点引导学生明确：做对比实验时只改变一个因素，其他因素都要保持不变 | （2）小组讨论对比实验方案<br><br>（3）选出代表分别汇报两类实验方案，其他组可以进行补充和修正 | 通过"生—生"互动及"师—生"互动来进行交流和学习，让学生明确对比实验的做法，从中培养学生思维的严谨性 |
| 5.进行对比实验，收集数据 | （1）谈话：接下来各小组就按照刚才制订的方案来进行第二次实验吧。 | （2）各组的材料员领取补充的材料<br>（3）小组合作，进行第二次实验，同样测试两次，算出平均值，填写在记录单上<br>（4）小组长代表本组将本次测试的数据（平均值）填写在黑板上表格的相应位置 | 通过学生的亲自实验，进一步明确对比实验的做法，体验科学研究的严谨性 |
| 6.分析数据，得出结论 | （1）引导学生收拾好实验材料之后，观察黑板上的两组对比实验的数据，看能得出什么结论 | （2）预计学生能说出：偶数组7个组的对比实验的数据显示：导线的圈数越多，电磁铁的磁力越大；奇数组8个组的对比实验的数据显示：电池的节数越多，电磁铁的磁力越大<br>（3）在学习记录单上填写结论 | 有亲自实验的经历、有充分的证据，学生必能自主得出结论 |

| 7. 综合运用，拓展研究 | （1）提出问题：要想做一个磁力更大的电磁铁，该怎么办<br><br>（5）出示一个用不同材料制作的电磁铁（导线、铁芯、电池型号等与学生实验用的都不用），演示，磁力超大。问学生：关于影响电磁铁磁力大小的因素，你们还有什么想法<br><br>（7）根据学生的想法，请他们课后自主设计对比实验的方案，进行研究，下次课前进行汇报交流 | （2）希望学生能想出：将两个因素结合起来<br><br>（3）学生尝试：利用刚才的实验材料，再加上自己带来的电池，试一试，能不能做一个比刚才的磁力更大的电磁铁？数一数能吸起多少个铁圈<br><br>（4）小组汇报与展示<br><br>（6）希望学生能说出：电池的型号、导线的粗细、铁芯的粗细等因素，也许会影响电磁铁的磁力<br><br>（8）学生对本课的学习情况进行自评和组评，填写评价表 | 训练学生综合运用知识的能力<br><br>有明确指向性、需多人参与才能完成的任务，可以充分发挥小组成员的作用，让学生体验到合作的重要性，意识到小组的力量大于个人的力量<br><br>将科学探究活动从课堂延伸到课外 |
|---|---|---|---|

### （二）教学过程实录

师：上节课，同学们学会了制作电磁铁，并通过实验知道了电磁铁的一些特点，今天我们来研究电磁铁的磁力大小这一问题。希望每个同学都能积极参与，并能与同伴密切合作，我们将从这样几个方面来评价今天同学们的学习和表现（课件出示）：

"电磁铁的磁力"课堂评价表

| 评价标准 | 自评等级 | | | 他评等级 | | |
|---|---|---|---|---|---|---|
| | ★★★ | ★★ | ★ | ★★★ | ★★ | ★ |
| 与组员团结协作 | | | | | | |
| 认真倾听 | | | | | | |
| 积极思考并与同学交流 | | | | | | |
| 实验操作严谨、规范 | | | | | | |
| 记录及时认真 | | | | | | |

师：（在视频展示台上出示电磁铁、电池及用盘子装着的小铁圈）请看这里，怎样测出这个电磁铁的磁力大小并用数据表示呢？

（一些学生举手）

教师请了两个同学上前进行操作。两个同学配合，将导线两端连好电池之后，用钉尖去吸小铁圈，吸起之后，移到旁边，断电，数个数，然后报告：这个电磁铁一次能吸起6个小铁圈。

教师表扬并感谢刚才两个同学的操作。点课件，屏幕上出示如下提示：

## 测试操作流程：

**1. 电磁铁钉尖靠近小铁圈。**

**2. 通电，吸住小铁圈后移到盒子的上方。**

**3. 断电，数个数、记录。**

**注意：通电时间一定要短！**

师：请小组长从抽屉中拿出实验盒，带领小组成员一起来测试本组的这个电磁铁的磁力大小。为了让测试结果更准确，建议测两次，取平均值。将这些数据填写在学习记录单的"实验一"的表格中。得出数据之后，请小组长将本组测试的平均值填写在黑板上表格的对应处。

几分钟后，各组的数据都汇总在黑板上，如下表：

| 组别 | 个数（平均值） | | 组别 | 个数（平均值） | |
|------|------|------|------|------|------|
| | 实验一 | | | 实验一 | |
| 第一组 | 8 | | 第二组 | 3 | |
| 第三组 | 7.5 | | 第四组 | 4 | |
| 第五组 | 9 | | 第六组 | 3.5 | |
| 第七组 | 10 | | 第八组 | 4 | |
| 第九组 | 9.5 | | 第十组 | 4 | |
| 第十一组 | 8 | | 第十二组 | 3 | |
| 第十三组 | 7 | | 第十四组 | 4.5 | |
| 第十五组 | 15 | | | | |

师：请同学们比较一下奇数组与偶数组的数据，有什么发现？

生1：奇数组的个数普遍多于偶数组的。

生2：差别很显著。

师：看来，奇数组的电磁铁的磁力普遍大于偶数组的。对此，你们有什么想法？

生：可能电磁铁不一样？

师请第一组（奇数组的代表）和第六组（偶数组的代表）将本组的电磁铁拿到视频展示台上，学生很快发现了：两个电磁铁上导线缠绕的圈数明显不同。

师请相邻的两个小组（一个奇数组、一个偶数组）相互观察一下电磁铁，数数各自的圈数，结果发现：奇数组的电磁铁，导线缠的圈数大约是40圈，而偶数组的，只有20圈左右。

师：由此你们认为，电磁铁的磁力大小可能与什么因素有关呢？

生（齐）：导线的圈数。（师板书）

师再请学生关注黑板上全部奇数小组的数据，还有什么发现？

生：第十五组的个数明显多于其他几个组。

师请第十五组的组长将材料拿到展示台上，与第一组的材料相比较，学生很快发现了：第十五组的电池是3节串联在一起，第一组只有1节电池。

师：看来，电磁铁的磁力大小还可能与什么因素有关？

生（齐）：电池的节数。（师板书）

师：刚才同学们提到的这两个因素是不是真的能够影响电磁铁的磁力大小，先要打上个问号，还要通过严格的对比实验来验证。为了节省时间，老师建议，全班进行分工：奇数小组研究"电池节数"与磁力大小的关系；偶数小组研究"导线圈数"与磁力大小的关系，最后，大家来共享成果。同意吗？

生：同意。

师：好的。首先请小组长召集组员讨论一下：根据要研究的问题，该怎样来做对比实验？与刚才第一次实验相比，只改变哪个因素？而其他哪些条件都要保持不变？

（学生小组讨论实验方案，并填写在学习记录单上）

师：下面来交流一下实验方案。先请奇数小组的代表……好，第三组的组长，请上来。

生1：（展示记录单）我们研究的问题是：电磁铁的磁力大小是否与电池节数有关？我们打算这样做：只改变电池的节数，将电池由1节变为3节，而其他条件都不变，再来测试吸起的小铁圈数，看跟第一次相比，是否会增加。

师：对于他们组的方案，其他小组的同学有没补充？

生2：我们认为电池必须是一样的；还有，操作的方法也要相同。

师：很好。告诉大家，老师今天准备的电池都是同品牌、同型号的新电池。那么，等一下实验时，可以为奇数组提供3节串联在一起的电池，不过，第十五组这次改用1节电池来做。

师：再请偶数小组的代表来汇报一下实验方案。

生3：我们小组研究的问题是：电磁铁的磁力大小是否与导线的圈数有关。我们打算这样做：只改变导线的圈数，方法是将圈数由20圈增加到40圈，其他因素都保持不变，再来测试吸起的小铁圈数，并跟第一次实验的结果比较。

师：同意你们的方案，为了节省时间，老师可以再为你们提供一个已缠绕了40圈的电磁铁（铁钉是一样的）。下面，请各组的材料员上来领取补充材料，然后开始进行第二次的测试。同样要求测两次，取平均值，将数据填写在学习记录单的"实验二"的表格中。测好之后，请小组长再将你们第二次的数据填写在黑板上。（师将黑板上的表格栏目作一些修改，并将第十五组第一次实验的数据移个位置，参见下表）

几分钟后，各组第二次实验的数据汇总在黑板上，如下表：

| 组别 | 个数（平均值） | | 组别 | 个数（平均值） | |
|---|---|---|---|---|---|
| | 1节电池 | 3节电池 | | 20圈 | 40圈 |
| 第一组 | 8 | 15 | 第二组 | 3 | 7 |
| 第三组 | 7.5 | 14 | 第四组 | 4 | 8.5 |
| 第五组 | 9 | 12 | 第六组 | 3.5 | 8 |
| 第七组 | 10 | 13 | 第八组 | 4 | 6.5 |
| 第九组 | 9.5 | 15 | 第十组 | 4 | 7 |
| 第十一组 | 8 | 13.5 | 第十二组 | 3 | 6 |
| 第十三组 | 7 | 12 | 第十四组 | 4.5 | 7.5 |
| 第十五组 | 7.5 | 15 | | | |

师：观察黑板上的两组对比实验的数据，看看能得出什么结论。

生：电池的节数与电磁铁的磁力大小是有关系的。

师：具体说说，怎样的关系？

生：电池节数越多，磁力越大。

师：不错。建议你表达得更严谨一些，前面加上一句"当其他条件相同时"，好吗？谁来重复一遍？

生：当其他条件相同时，电池节数越多，电磁铁的磁力越大。

师：很好。再看看偶数组这边的两组数据，又可以怎样来总结呢？

生：导线的圈数能影响电磁铁的磁力大小，当其他条件相同时，导线的圈数越多，磁力越大。

师（对其他同学）：评价一下他说得怎样？

生（齐）：很好！

师：请把你们刚才研究的结果记录下来。

（学生填写学习记录单）

师：同学们，通过刚才对比实验的研究，我们已经知道了这两个因素（指着黑板上的板书）会影响电磁铁的磁力大小。那么，如果想做一个磁力更大的电磁铁，该怎么办呢？

生：把这两个方面综合起来运用，既增加电池的节数，也增加导线的圈数。

师：接下来，就请各组的同学来试试吧，看你们能不能做个电磁铁，比刚才两次实验吸起的小铁圈都要多。奇数组的同学，你们的材料盒中已有4节电池了，想想可以怎么做？偶数组的同学，如果觉得1节电池不够，可以利用自己带来的电池，或者再向老师借电池。好，开始吧。

学生兴致勃勃地开始了实验。这时有学生提出，想用透明胶将几节电池缠在一起。老师建议：不用透明胶，靠你们集体的力量，利用你们的八只手，相信你们也能完成。

老师在教室里巡视，一些小组兴奋地向老师展示自己的成果："我们吸起了18个！""我们吸起了20个！"……

看到各个组全员参与、成功地完成了实验，老师组织同学们收拾整理好材料。

师：看到同学们做的电磁铁磁力很强，老师也想跟你们比试一下，来看看我做的这个电磁铁（在视频展示台上展示），跟你们刚才实验用的电磁铁相比，有哪些不同？

生1：导线粗一些，且缠了很多圈。

生2：电池很大，节数多

生3：中间的那个铁芯不是铁钉，像是螺丝钉；而且比我们的铁钉粗一些。

师：来试一下这个电磁铁的磁力大小如何（演示：接通电源后，将盒中的小铁圈几乎全都吸起来了，令学生惊叹不已）。

师：看了老师做的这个电磁铁之后，关于电磁铁磁力大小的影响因素，你们有没产生一些新的想法？

生1：导线的粗细对磁力大小会不会有影响？

生2：电池的型号大小、电池的牌子不同，对磁力大小会不会有影响？

生3：铁芯粗细、长短对磁力大小会不会有影响？

师：很欣赏同学们能提出一些新的想法。建议同学们可以像今天在课堂上做的对比实验这样，自己去研究一下，到时再来与老师和同学交流。

师：下课的时间就要到了，老师觉得在今天的课上，很多同学的表现都很棒，接下来就请大家来评价一下吧。

学生填写学习记录单反面的评价表，然后将学习记录单上交给组长，下课。

### （三）教学反思

从课堂上学生的表现及上交的学习记录单的填写情况来看，本节课较好地达到了教学目标。学生通过亲历"发现问题——提出假设——设计方案——进行对比实验收集证据——得出结论"这一科学探究的过程，知道了影响电磁铁磁力大小的两个主要因素，并基本掌握了"对比实验"这一重要的科学方法。不仅如此，下课后，还有许多学生还围着老师问这问那，不肯离去，这说明学生对科学探究的兴趣提高了，这正是老师所期望的。

从教学过程来看，本节课较好地体现了"合作""探究"的理念。由于教学内容本身适合探究而且容易引起学生的兴趣，因此，学生的积极性与自主性得到了较好的发挥；并且，"小组合作"的学习模式也真正得到了体现，课堂上可以看到：为了制成一个磁力更大的电磁铁，小组的成员都能积极参与，在组长的指挥下，有的负责固定电池，有的负责固定导线，有的将装有小铁圈的盘子送到电磁铁的一端去吸，有的负责数个数、记录……在这样的过程中，学生真正体会到了合作的重要性，认识到了集体的力量大于个人。

当然，上完本课，也有一些令我感到遗憾的地方，比如：激励与评价方法尚不够完善；探究环节的设计还有待改进；对少数实力较弱的小组的关注和指导不够；等等。在今后的教学中这些都有待研究、提升。

# 十一、"蚕变了新模样"教学设计

（题记：本文参加 2012 年深圳市小科科学教师教学设计比赛荣获一等奖）

**【理论指导】**

以《小学科学课程标准》为指导，在生命科学领域的教学中，从学生的认知特点和生活经验出发，提供合适的"支架"，引导儿童主动探究，亲历科学探究的过程，从而达到提高科学素养的目标。

**【内容及方法梳理】**

"蚕变了新模样"是教科版三（下）《科学》第二单元"动物的生命周期"的第三课。本单元以指导学生认识动物的生命周期为目的，让学生亲历养蚕的过程，了解蚕从卵中孵化，经过生长发育成蛾，然后产出卵，最后死亡这一生长变化的全过程。在此基础上建立动物生命周期的模型，并运用这个模型去认识各种动物以及人的生命周期现象。

在本单元的教学中，笔者做到了以下几点：

**（一）创造条件，让学生亲历养蚕的全过程**

本校地处城区，缺乏蚕卵和桑树，只能联系供应商购买。购买方式分两种：

一是学校出资购买一些，由老师指导学生在学校喂养，并在科学课上供全体学生观察。二是学生个人自愿购买，放在家里喂养和观察。这两种方式结合起来，既保证了让每个学生都能观察到蚕的一生，又可让一部分特别喜欢小动物且家长也支持的同学获得亲自喂养小动物的机会，让他们的观察和体验更加深刻。

**（二）指导养蚕方法，让学生体验成功**

养蚕是一个周期很长的过程，其间会遇到一些困难或问题，需要老师在多个方面进行指导，诸如桑叶的购买和保鲜、病蚕的识别和处理、结茧架的制作、蚕蛾的配对、蚕卵的存放等等，都需要老师的关注与指导，最终让学生成功地经历蚕的生命周期的全过程，享受到成功的喜悦。

**（三）根据实际情况，调整教学内容**

由于蚕的生命周期要经历大约两个月的时间，所以本单元的课与课之前需间隔较长的时间，中间需穿插其他单元的内容；此外，教材的第三课"蚕变了新模样"中原本还安排了抽取蚕丝的活动,笔者认为放在这里不合适,主要原因是抽丝时必将会让蚕蛹的生命提前终止,学生从情感上接受不了,会认为这样做"很残忍";此外,抽丝活动需要花费很长的时间,一节课无法完成。笔者认为比较好的做法是,将一部分蚕茧烤过后放置于冰箱,待另一部分变蚕蛾产卵之后,让学生观察到一对蚕蛾就能产下很多的蚕卵,蚕卵太多了,孵出的蚁蚕会缺乏食物,从而让他们自己意识到,不需要那么多蚕蛾产卵。此时再拿出蚕茧进行抽丝的活动,并认识蚕丝的用途,了解我国古代劳动人民的贡献,就会顺理成章了。

## 【学情分析】

经过了一个多学期的科学课的学习和训练之后,三年级(下)的学生已具备了初步的科学探究能力,能运用一定的方法有目的的去观察事物,也能用简单的文字(或图画)进行记录,但这方面的能力还较弱,需要进行指导;学习小组已组建起来,组员的分工和角色已经明确,但合作学习的人际技能还较欠缺,老师需要注重这方面的引导;此外,小孩子普遍喜欢小动物,在喂养小动物的过程中容易与小动物建立情感,因此,一些活动的设计要考虑到学生情感发展的实际情况,恰当安排时机。

## 【教学目标】

科学概念:

知道蛹是蚕生长发育过程中的另一种形态,蛹的外形和幼虫区别很大;蛹被茧包裹,茧能起到保护蛹的作用。

过程与方法:

经历对蚕蛹和蚕茧的观察、描述过程,用画图、文字记录观察结果并交流。经历简单的推测、验证的过程。

情感、态度、价值观:

养成仔细观察的科学态度,保持和发展对蚕的研究兴趣;初步领略生命的神奇与伟大。

## 【教学重难点】

重点:蚕茧外形及蚕蛹的观察与描述。

难点:蚕蛹的观察。

## 【教学准备】

时机的选择:养蚕活动的后期,待蚕吐丝结茧后的3~8天之间安排此课内容。

学生分组实验材料：①每组两个蚕茧（大小和形状有区别）、放大镜、直尺

②每组一个剪开了一半的蚕茧、一个橡筋圈

③学习记录单（每人一份）

教师演示实验材料：蚕茧、美工刀；视频展示台、电子白板、电脑、PPT课件等。

**【教学过程】**

**（一）导入新课**

1. 谈话：同学们，上次课，我们看到蚕开始吐丝结茧了（播放蚕吐丝过程中不同阶段的照片），一周过去了，来看一看我们收获的蚕茧吧。（师在视频展台上出示收集在一起的蚕茧）

2. 提出问题：如果把这些蚕茧放到你们面前，你们想研究哪些问题？（学生小组交流）

3. 点几个小组汇报想法，梳理学生的发言，形成本课研究的主要内容：①观察蚕茧的外形特征；②研究茧里边的蚕变成了什么样子。

**（二）学习新课**

1. 观察蚕茧

（1）谈话：老师给每个小组准备了两个外形有区别的蚕茧，还有放大镜、尺子等工具，请你们用自己想到的方法来观察蚕茧，并记下你们的发现。6分钟后各小组请派代表来向全班进行交流。观察3分钟后，如果你们小组再也想不出其他观察方法了，可以到老师这里领一份"提示卡"。

（2）各小组领取实验材料：①及学习记录单，开始进行观察、记录。3分钟后，可以给有需要的小组发放"提示卡"。

预设：学生容易想到的观察方法是看（颜色、形状）、摸（蚕丝的光滑、柔软）、摇（听到里面有撞击声）等，而对于测量茧的大小（长度和宽度）、掂量轻重等方法，则不容易想到。此时老师准备的提示卡，可以给学生一些启发，让他们学到更多的观察方法，从而获得更全面的信息。

（3）分享与交流

请一个小组的代表上台展示记录表，并汇报本组观察到的信息及提出的问题；其他小组可进行补充发言。

（4）教师小结同学们的观察情况；从学生提出的问题中挑出一个让大家思考：蚕茧的大小不同可能与什么有关呢？

请学生说出自己的想法。

师小结：蚕茧的大小与前一阶段喂养的情况有关。如果蚕每天能吃到足量的新鲜桑叶，且没有生病，长得又肥又大，那么它吐的丝就多、结的茧就大。

2. 观察蚕蛹

（1）谈话：刚才有许多同学都提到这样的问题：茧里边的蚕怎样了呢？是不是还活着呢？变了样子没呢？老师也好想知道哦！我们来想想用办法，怎样才能看到里边的蚕呢？

（2）请学生说出自己的想法。

（预设：会有学生说到"剪开"这一方法，这时可能会立即遭到其他学生的反对，因为学生已经对蚕有了感情，怕这样做会伤到蚕。遇到这种情况，老师可请学生思考：能不能做到既剪开蚕茧、看到里面蚕的样子，又不会伤害它呢？此时学生一般能想到：剪开的时候"浅"一点，只把外面的壳弄开就行）

（3）师在视频展台上演示划开茧壳的操作：用美工刀先划开一个小切口，再从切口向两端延伸至1/2，然后，从两端向里挤压，裂口张开，即看到里面的蚕蛹了。（板书课题：蚕变了新模样）

（注：考虑到三年级学生的动手能力及安全性等问题，让学生进行此项操作有较大的难度，因此，小组观察所用的剪开的蚕茧，由老师课前准备）

（4）谈话：老师已经为每个小组准备了一个像刚才这样划开了的蚕茧，请同学们将蚕蛹小心地倒出来，放在盒中进行观察。

（5）各小组领取观察材料，进行观察，并在记录单上填写观察结果。

（6）分享与交流

（7）提出问题，让学生思考、讨论：

①蛹的形态还会变吗？（部分学生知道，还会变蛾）

②刚才我们为了观察蚕蛹，把它从茧里取出来了，如果就这样放在外面，安全吗？应该放在哪里合适呢？

（引导学生想到：可以将蚕蛹再放回茧壳，并合拢、固定，让它在里面继续发育）

③蚕丝做成的茧壳，对蚕蛹能起到什么作用呢？

（学生一般都能答出：保护作用）

（8）给每组学生发放一个橡皮圈，学生将蚕蛹放回茧壳，用皮圈固定。

## （三）回顾总结

1.说一说今天的课上有哪些收获、体会。

2.评价各组学生的表现；小组长召集组员进行自评及组内评价。

## 【评价设计】

1.教学过程中呈现在黑板上的小组评价表：

| 组别 | 记　分 | | | | |
|---|---|---|---|---|---|
| | 1 | 2 | 3 | 4 | 5 |
| 1 | ● | | | | |
| 2 | ● | | | | |
| 3 | ● | | | | |
| 4 | ● | | | | |
| 5 | | ● | | | |
| 6 | ● | | | | |
| 7 | ● | | | | |
| 8 | ● | | | | |
| 9 | ● | | | | |
| 10 | ● | | | | |
| 11 | | | ● | | |
| 12 | ● | | | | |
| 13 | | ● | | | |
| 14 | ● | | | | |
| 15 | ● | | | | |

　　评价表使用说明：

　　1.在需要给某个小组加分时，将磁粒（表中黑色圆圈）往前移一格，比如当"观察活动一"完成之后，由小组长上来给本组加一分。

　　2.评价贯穿于本课全过程之中，通过小组加分的形式来起到激励作用。

　　另注：本校三年级每班学生数多达60人，共分为15个小组。

2.供学生自评和互评的评价表：（印在"活动二"的学习记录单的后面）

| 评 价 内 容 | 自评 | | | 组评 | | |
|---|---|---|---|---|---|---|
| | 优 | 良 | 需努力 | 优 | 良 | 需努力 |
| 1.用多种方法观察了蚕茧的外形并填写了记录表 | | | | | | |
| 2.认真观察了蚕蛹的特点并填写了记录表 | | | | | | |
| 3.爱惜实验材料 | | | | | | |
| 4.与同学合作良好 | | | | | | |
| 老师的评价： | | | | | | |

**【设计特色简介】**

1.注重让学生观察体验：本单元养蚕的过程让学生全程参与，而本课的观察材料是来自养蚕过程中收获的蚕茧。将实物材料呈现在学生面前，让他们亲历观察活动，从而达成本课的教学目标。

2.小组合作，全员参与：本课的学习活动以小组为单位进行，既有个体的学习，又有小组间的讨论、交流，还有全班的分享。这样的学习形式，可以让学生全员参与学习，形成生—生互动、师—生互动，使信息交流呈现多种形式。

3.尊重学生的情感需求：本单元的教学目标之一是让学生建立喜爱小动物、珍爱生命的情感。在本课的教学设计中，充分考虑了学生喜欢蚕、不忍伤害蚕的情感需求。例如，观察蚕蛹所需的剪开的蚕茧，由老师课前准备好，避免了学生因能力所限、操作不当而伤害蚕蛹的事情发生；在观察完毕之后，引导学生妥善放置蚕蛹，让它们能继续后面的发育过程。

附：**【板书设计】**

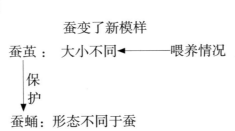

蚕变了新模样

蚕茧： 大小不同←————喂养情况

保
护

蚕蛹：形态不同于蚕

【学生记录单设计】

科学课学习记录单

三（　）班　第（　）组　记录人（　　　）2012 年（　）月（　）日

活动一：观察蚕茧

| 观察方法 | 观察到的内容（写或画） |
|---|---|
|  |  |
|  |  |
|  |  |
|  |  |
|  |  |

在观察蚕茧时，你有什么新的想法或问题吗？写（或画）在下面。

活动二：观察蚕蛹

| 观察项目 | 观察到的结果 |
|---|---|
| 1. 蛹的样子和蚕相比，相同吗？ |  |
| 2. 蛹的头上有眼睛吗？ |  |
| 3. 蛹的胸腹部有足吗？新长出了什么？ |  |
| 4. 蛹的身体上还有环节吗？ |  |
| 5. 蛹是活的吗？怎样判断？ |  |
| 6. 在剪开的茧壳里还有什么？它可能是什么？ |  |
| 画出蚕蛹的样子 |  |

（下面空白处印"评价表"）

# 十二、"食物链"教学设计

（题记：本课是在 2013 年 8 月由中央电教馆等单位组织的"全国基于网络的教师实践社区 COP 全国年会上执教的一节展示课，创新点在于 ID-CLASS 设备及"云平台"的应用）

**【教学环境】**

交互式电子白板（巨龙科教）及互动桌、平板电脑、相关网络支持。

**【教学目标】**

**（一）知识与技能**

1. 认识生态系统中的食物联系——食物链；学会用箭头正确地表示食物链；

2. 知道大多数食物链是从绿色植物起始，到凶猛的肉食动物终止。

**（二）过程与方法**

1. 经历学画食物链的过程，知道食物链中的箭头应指向捕食者；

2. 经历小组合作、共同讨论分析的过程，学会与他人分享观点。

**（三）情感、态度与价值观**

1. 领悟自然界的生物之间是有着密切联系的；

2. 感受合作学习的乐趣。

**【教学重点、难点】**

教学重点：建立食物链的概念，会画简单的食物链。

教学难点：认识多数食物链所具有的共同点。

**【突破措施】**

利用电子白板的交互功能及互动电脑桌方便小组合作学习的功能，集个人学习、小组学习与全班教学于一体，通过学生的动手操作、动脑思考来达到学习目标。

**【学习者分析】**

读完了四年级即将升入五年级的学生，对自然界的生物已有了一定的了解；对于一些常见的动物以什么为食物，大多数同学也是比较清楚的，这就为本课的学习奠定了较好的基础。相信在同伴的相互启发下，在老师的引导下，利用他们手中的平板电脑及小组的互动桌，他们能饶有兴致地进行本课内容的学习，并且学有所获。

**【教学资源】**

白板课件、创新课堂软件、资源库、随堂练习、网络支持等。

**【教学流程图】**

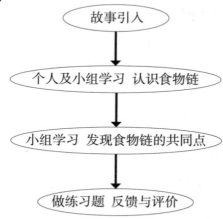

**【教学过程】**

**（一）教学环节**

1.引入

教师活动：在白板上出示图片：树、蝉、螳螂、黄雀等，引导学生说出几种生物之间的食物关系，并示范箭头的画法；引出食物链的概念。

学生活动：学生看图片，回答问题。

**【设计意图】**以学生熟悉的成语故事来引入，容易引起学生的兴趣。

**【媒体资源的应用】**白板软件中的幕布、遮罩、拖曳、资源库、书写等功能。

2.个人及小组学习，认识食物链

教师活动：

（1）出示两种环境中的一些生物；

（2）点学生个别回答；

（3）指导学生开展个人及小组学习，将给定的几种生物连成食物链；

（4）评价小组的学习成果。

学生活动：

（1）同侪学习，说它们之间谁被谁吃；

（2）个别回答；

（3）个人学习，提交贴图到小组端的互动桌；

（4）小组交流之后选出最佳贴图，提交到教师端。

【设计意图】通过个人学习、同侪互助及小组讨论等方式，来认识食物链的组成、排列及箭头的画法等有关食物链的基本知识。

【媒体资源的应用】个人用的平板电脑、小组用的互动桌、教师端的一体机设备、创新课堂软件及网络设备。

3. 小组学习，认识食物链的共同点

教师活动：

（1）出示两条食物链，抛出问题；

（2）分发资源给小组端的大 PAD 上；

（3）评价各组提交的表格；

（4）出示其他几条食物链，引导学生认识：大多数食物链都是从绿色植物起始，到凶猛的肉食动物终止。

学生活动：组长接收资源后，召集组员讨论、填写表格，然后提交到教师端的显示屏上。

【设计意图】通过小组合作学习，培养合作意识。

【媒体资源的应用】小组用的大 PAD，教师端的一体机使用了分发文件、贴图列表等功能。

4. 课堂练习

教师活动：选择作业，点"开始"。

学生活动：学生在个人的平板电脑上答题。

【设计意图】检查和了解学生的学习效果。

【媒体资源的应用】个人用的平板电脑，教师端的一体机使用了"随堂作业""成绩统计""成绩查询"等功能。

# 十三、"探秘接线盒"创意探究活动设计

（题记：本文参加 2014 年深圳市小科科学教师创意探究活动设计比赛荣获一等奖）

## （一）课题的来源

"探秘接线盒"由教科版小学《科学》四年级下册"电"单元的第 7 课"不一样的电路连接"改编而来。

教材中本课的内容包含两部分：第一部分，"里面是怎样连接的"，是以接线盒为研究对象，探查里面的接线柱是怎样连接的；第二部分，"比较两种不同的电路连接"，是学习电路的两种连接方式，即串联和并联。笔者在教学实践中发现，这两个部分的内容，相关性并不大，放在一节课中研究，时间明显不够，学生觉得意犹未尽。于是，笔者对教材内容和课时进行了一些调整，将第一部分的内容单独安排一节课，并适当增加实验器材及活动内容，课题取名为"探秘接线盒"。

## （二）学情分析

学生通过对本单元前几课的学习，已经知晓了电路的基本知识、认识了导体和绝缘体，并已学会了使用电路检测器，这就为本课的学习奠定了良好的基础；接线盒对于学生来说有一点神秘感，在不允许打开盒子的前提下，要弄清里面是怎样连接的，这对学生来说是具有挑战性和吸引力的。

## （三）教学目标

1.通过实验探究，知道接线盒的两点之间如果有导体连接，就能使电流通过，构成电的通路。这种连接，既可以是直接相连，也可以是"绕道"相连。

2. 会用电路检测器检验接线盒内导线的连接情况。

3. 乐于与同伴合作、交流。

## （四）教学重难点

1. 按一定顺序进行检测操作，并根据检测结果，推测接线盒内的导线连接情况。

2. 能根据一种结果，推测出多种可能的方式。

**（五）材料准备**

1.分组探究材料：电路检测器、接线盒（接线柱及导线方便学生拆装）、导线；每人一份学习记录单（探究指南）

2.演示材料：电路检测器、接线盒；接线盒的导线连接图（空白）、PPT课件等

**（六）教学过程**

1．创设情景，提出问题

（1）师在视频展台上出示一个接线盒（图1）及一个电路检测器（图2），提出问题："不允许打开接线盒，只靠这个电路检测器的帮助，能弄清里面的导线是怎么连接的吗？"

图1 接线盒　　　　　　　　　　图2 电路检测器

（2）揭示课题，并板书：探秘接线盒

2.讨论方法，初步尝试

（1）学生思考之后，提出解决问题的方法；

（2）根据学生的发言，老师在视频展台上进行示范操作，并请一个学生在黑板上记录检测结果（其他学生在自己的记录单上记录）。

预设的结果为：

| 检测头所连的接线柱 | 1-2 | 1-3 | 1-4 | 2-3 | 2-4 | 3-4 |
|---|---|---|---|---|---|---|
| 灯泡是否亮 | √ | × | × | × | × | √ |

（3）根据检测结果，请学生分析，该接线盒的4个接线柱之间哪些有导线连接、哪些没有？在自己的记录单上画出连接图。

预设：绝大多数学生应该能够画出正确的连接图，即在记录单的空白图上，

在 1 和 2，3 和 4 之间画上连接线，代表它们两两之间有导线连接，如图 3 所示：

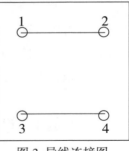

（4）师打开接线盒，让学生查看里面导线的连接情况。

预设：当接线盒打开，学生看到里面导线的连接跟自己所画的一样时，他们一定会非常开心，体验到成功的喜悦；同时，这也会激发起他们对接线盒的研究兴趣，便于开展后续的探究活动。

图 3 导线连接图

3. 小组探究，揭示秘密

（1）谈话：如果给你们提供另一种接线盒，事先不许打开盒子，你们能借助电路检测器弄清楚里面是怎么连接的吗？

预设：学生此时一定跃跃欲试，并认为这个问题难不倒自己。

（2）学生领取分组探究的材料：接线盒、电路检测器等，然后，在组长的带领下，根据探究指南上的提示，逐一进行检测操作，记录结果，再画出连接图。

（3）打开盒子，核对结果。

设计说明：老师在课前准备材料时，将按线盒里的导线连接预设为以下三

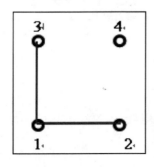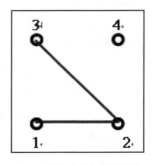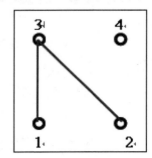

图 4 导线连接三种预设

但各组检测的结果都相同，如下图：

| 检测头所连的接线柱 | 1-2 | 1-3 | 1-4 | 2-3 | 2-4 | 3-4 |
|---|---|---|---|---|---|---|
| 灯泡是否亮 | √ | √ | × | √ | × | × |

学生通过自己的检测操作，一般会得出同样的检测结果；但在根据结果分

析里面的导线连接时，就会遇到问题，估计多数学生会认为，接线柱 1、2、3 之间分别都有导线连接，于是，他们画的连接图大多是一个三角形；但当他们打开接线盒、看到里面的导线连接之后，先是会大吃一惊：怎么会是这样呢？然后，在组员的相互启发下，他们会认识到，电流会走"弯路"，少用一根导线，也是可以的……

（4）汇报与分享：请学生说一说，当打开接线盒时，什么出乎你的预料。你有什么新的想法愿跟同学们分享？

（此处可引导学生进行思维的碰撞，并使他们认识到，只用两根导线连接，就可使接线柱 1、2、3 之间相互连通；相比学生画的使用三根导线的方法，更节省材料）

（5）再次探究：除了本组接线盒的这种连接方法之外，还可以怎样连导线，也能得到同样的检测结果？小组讨论之后，画出不同方法的连接图；然后，学生自己改换接线盒的导线连接位置，并用电路检测器进行验证。

（设计说明：此项活动可以帮助学生进行知识迁移，使学生进一步认识到两个导体之间无论是用导线直接相连或是"绕道"相连，都可以形成电流的通路）

4.拓展思维，迎接挑战

（1）提出一个具有挑战性的问题：如果在刚才的接线盒中增加一根导线，那么，加在哪两个点之间就能让四个接线柱全部连通呢？

（2）学生小组讨论，画出连接图。

（3）各组领取一根导线，照图连接好，再用电路检测器检测，是否任意两个点之间都是通路。

（4）汇报与展示：请各组将符合要求的连接方法图贴在黑板上；教师引导学生进行评估与判断。

预设：满足同样条件的连接方法共有 16 种（图 5），在课堂上时间较短的情况下，估计每组的学生能

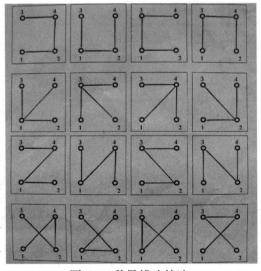

图 5 16 种导线连接法

想到 1~2 种方法，全班汇总之后，可能出现 6~12 种方法。对这些方法，教师

应该做到心中有数，以便进行评价和引导。

5.回顾与总结

（1）以 PPT 课件回放本课所有知识点；

（2）请学生说说自己本节课中印象最深的收获和体会。

（3）布置课外探究题：自制一个 6 接头的接线盒，研究其通路和断路情况。

附：

"探秘接线盒"学习记录单

四（ ）班 第（ ）组 姓名（ ）时间：20（ ）年（ ）月（ ）日

一、记录检测结果，并根据结果，推测接线盒里面的导线是怎样连接的

（图 1 中的小圆圈代表接线柱；请画线代表导线）

| 检测头所连的接线柱 | 1—2 | 1—3 | 1—4 | 2—3 | 2—4 | 3—4 |
|---|---|---|---|---|---|---|
| 灯泡是否亮 | | | | | | |

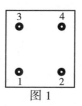

图 1

二、小组合作，探究接线盒里面的导线是怎样连接的（事先不得打开接线盒）

1.根据下表，逐一进行检测，并记录结果；

| 检测头所连的接线柱 | 灯泡是否亮 | 检测头所连的接线柱 | 灯泡是否亮 |
|---|---|---|---|
| 1—2 | | 2—3 | |
| 1—3 | | 2—4 | |
| 1—4 | | 3—4 | |

操作提示：

1.本次实验由 1、2 号同学操作，3、4 号同学监测、记录。

2.检测前先测试电路检测器，确保它能正常工作。

3.检测时要确保两个检测头紧贴指定的接线柱；必要时重测一次。

4.接线盒要与检测器靠近，防止拉断导线。

2.根据检测结果，推测里面的导线连接情况，画在图 2 中。

3.等全组同学画好之后，由组长打开接线盒，查看里面的导线连接情况，画在图 3 中。

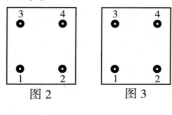

图 2　　　图 3

自我评价

我的推测结果跟实际情况相比（ ）

A.不一致，但我的也正确

B.不一致，我的错了

C.一致

4. 思考：当打开接线盒时，什么出乎我的预料？

通过与同学的交流，我知道了＿＿＿＿＿＿＿＿＿＿＿＿＿＿＿＿＿＿＿＿＿

＿＿＿＿＿＿＿＿＿＿＿＿＿＿＿＿＿＿＿＿＿＿＿＿＿＿＿＿＿＿＿＿＿＿＿＿

5. 小组讨论：同样的检测结果，除了图2的连接方法，还有别的连法吗？在图4、图5中画出示意图，并照图更改接线盒中导线的位置，再用电路检测器检测，看结果是否与上表中的记录相同。

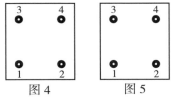

图4　　　　　图5

操作提示：
1. 由组长安排组员的分工。
2. 参照上面的提示。

三、小组合作，迎接挑战

| 检测头所连的接线柱 | 1-2 | 1-3 | 1-4 | 2-3 | 2-4 | 3-4 |
|---|---|---|---|---|---|---|
| 灯泡是否亮 | | | | | | |

1. 问题：在刚才的接线盒中增加一根导线，使四个接线柱全部连通，即，要出现如下的检测结果，想一想，这根导线该加在哪里呢？

2. 小组讨论之后，在图5、图6中画出导线连接图（1~2种方法）

3. 材料员领回一根导线，按所画的图连接两个接线柱；然后用电路检测器检测，看是否任意两个点都是连通的，将结果记入上图下面的括号中（以√ ×表示）。

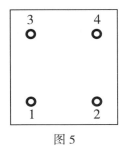

图5

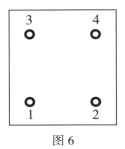

图6

检测结果：（　　　）　　　（　　　）

# 十四、"由沉变浮的方法"教学设计

（题记：本文收录于2015年6月出版的《宝安小学创意教学初探》一书，课题及内容为自编）

## （一）教学目标

1. 知道将一个小瓶子由沉变浮可以采用几种不同的方法；初步明了这些方法的基本原理。

2. 能通过实验过程验证这些方法的可行性。

3. 能与同伴分享、交流自己的想法；能与同伴合作进行实验操作。

## （二）教学重难点

重点：想出不同的方法并进行验证。

难点：运用所学知识对方法进行解释。

## （三）教学准备

分组实验材料：每组一个水槽，内装2/3的水；一个小塑料瓶（内装3个小铁钉）；一张铝箔纸、一小杯盐、玻璃棒、一个装有50毫升水的小烧杯；学习记录单（每人一份）

演示实验材料：同分组实验材料一套。

## （四）教学过程

1. 提出问题

（1）通过PPT出示问题：一个有盖的小塑料瓶（盖子可以打开），内装三个铁钉（测得它的平均密度约为 $1.18 \ g/cm^3$），放在水里是沉的，请你们运用第一单元所学的科学知识，想办法让小瓶浮起来。要求：至少想出三种方法，且每种方法的原理有所不同。

（2）介绍本课的活动流程及时间安排。

（3）以师问生答的方式提醒活动中的注意事项。

①个人想出的方法，怎样才能成为小组的方法？

②实验操作时，怎样进行分工合作呢？

③操作时手会沾水，怎样防止弄湿自己和他人的记录单？

2. 学生活动

①小组讨论之后，在记录单上写出实验方法；

②组长领取实验材料，进行实验验证；

③整理并完善记录；同时组长清点材料上交。

3. 汇报与分享

从本组实验成功的方法中选一种最想跟大家分享的方法进行汇报，并说明理由。

4. 分析与解释

教师利用 PPT 课件引导学生回顾本单元内容，从重力与浮力的关系入手，分析物体由沉变浮的原理，对学生刚才所汇报的方法进行原理上的解释。

5. 思维拓展

请学生思考并写出方法：如果不受条件的限制，你还能想出哪些让小瓶浮起来的方法？

# 十五、"阳光下的影子"教学案例与反思

（题记："阳光下的影子"一课是我于 2015 年 11 月参加全国中小学实验教学说课比赛获一等奖的课例）

"阳光下的影子"是教科版小学《科学》五年级上册第二单元"光和影"的第二课。教材中的实验器材是用一个简易的日影观测仪（一支铅笔垂直插在一个方形白色底板上），放在整天都有阳光的地方，观测杆影的变化，要求"课堂上每 10 分钟观察、记录一次""课后继续观察，每节课间观测一次……"。

## （一）发现问题

教过一次之后，我发现，按教材上的方法来上这一课，存在以下问题：

1. 受天气的影响很大，遇到阴雨天根本没办法观测影子。

2. 就算是晴天能够观测，但一节课的时间很短，能观测到的影子变化情况很有限；至于布置学生课后观测，往往难以落实。

3. 实地观测时，因阳光刺眼，不便观看太阳的方位，学生难以将影子的变化与太阳在天球上的视运动联系起来。

4. 只能观测本地的影子，不能与其他地区的影子进行比较。

（二）我的改进措施

针对以上问题，我下决心进行改变。在请教了很多专业人士、经过了很多次的摸索和尝试之后，我对本课的教学在以下两大方面进行了改进和创新：

1.实验器材的创新：设计制作了"日影变化演示器"，供学生分小组进行模拟实验。

这套实验材料的创新之处有以下几点：

（1）增加了天球模型，并用透明材料制作了三条轨道，代表太阳于四个季节在天球上的运行轨迹。其基本原理如下：

①根据相对运动的原理，如果把地球看作是静止的，那么太阳每天就是在假想的天球上进行运动，方向是东升西落；

②一年之中，阳光的直射点是在地球的南北回归线之间移动的，即冬至日和夏至日分别直射南北回归线，春分和秋分直射赤道。

③对于同一地点来说，在一年四季不同的日期里，太阳在天球上的运行轨迹不同；位于两个不同纬度地区的观察点，在相同的日期里，太阳在天球上的运行轨迹也不同。

④我国位于北半球，在我国的大部分地区观察太阳时，太阳运动轨迹向南倾斜，如图1所示（图中A点为北半球某地的观测点，B点为天顶）：

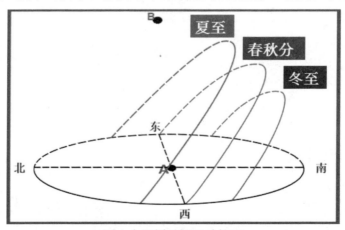

图1 太阳周日视运动轨迹

（2）安装有可伸缩的角度尺，用来确定天球上轨道的位置。

（3）底板上的同心圆既可测量影子的长度，又可测量影子的方位。

（4）可模拟观测我国任何一个地方的影子变化情况，进行对比研究；还可比较同一地点不同季节正午影长的变化情况。

2.教学方法的创新：利用互联网手段，实现了异地同步测影（事先与北京一所小学的师生约好，在相同的时间利用同样的材料，分别测量影子的方位和长度，然后共享数据资料）。

具体教学过程如下：

（1）提出问题，激发兴趣

上课伊始，老师首先提出了这样两个问题：

①"一天中，阳光下物体的影子是怎样变化的呢？"

②"同样一个物体，在同一时间观测，你认为在北京的影子与在深圳的影子会有区别吗？"

对此，学生的想法是各不相同的，尤其是第二个问题，许多学生都不知道。而这，正好激发了他们的探究欲望……

（2）模拟观测，收集数据

①对全班同学进行分工（1~4组："深圳"组；5~8组："北京"组）；并让学生明确实验的方法和要求。

②学生分组进行观测记录；

③汇总数据：学生将五个时间点的影子画在一张标有方位和长度的汇总图上；组长将影子画在印有方位和长度的透明胶片上。

（3）分析数据，发现规律

①在实物投影上用叠加的方法展示各组的影子汇总图。

②学生观察、讨论，发现影子变化的共同规律：

生1：我们小组发现了，在一天当中影子的方向是由西到北再到东；长度是由长变短再变长。

生2：我们小组还发现了，影子的方向是与太阳的方向相反的；而且，影子的长短跟太阳的高度有关，中午太阳最高，影子就最短。

（点评：可见，有了模型的直观演示，学生已能将地球上影子的变化与太阳在天球上的视运动联系起来了，这对于后续课程的学习是很有帮助的）

不仅如此，当老师把深圳和北京两地的影子图叠加在一起之后（图2），学生通过比较，又有新发现：

生1：影子的长短不同！北京的影子长，深圳的影子短。

生2：影子的方位也不同。不过呢，中午12点时方位相同，都在正北方向。

生3：深圳的影子，一天中方位变化的范围要比北京的大一些……

（点评：这些超出了教材内容的发现，正是得益于本课的器材与方法的创新）

（4）异地实测，验证规律

说到深圳与北京两地影子的区别，有学生提出了质疑。对此，老师早有准备，告诉学生说："老师有个好朋友是北京小学的科学老师，我们在网上约好了要在秋分这天同时测量影子，请看视频……"

①播放北京、深圳两地同时观测影子的视频资料。

②呈现两地同时观测到的影子照片和数据。

③呈现两地实测影子的汇总图（图3）。

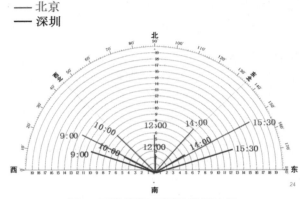

图2　两地模拟观测的数据比较

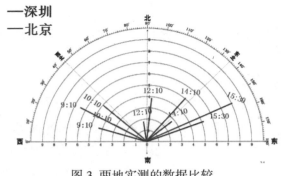

图3　两地实测的数据比较

在充分的证据面前，学生相信了，北京测到的影子真的与深圳的不同！实测的结果与模拟实验的结果很接近！

但也有同学发现了问题："实测的结果与模拟实验的结果还是有区别的！

大家看，图 3—12:10 处，深圳的影子还没到正北方向呢！这是什么原因呢？"（点评：这是一个很有深度的问题）……还有同学问："有没有哪个地方测到的影子比深圳的短呢？"……

对于这些有价值的问题，老师请同学们把它们收集起来，制定研究性学习的课题，在后续时间继续去探究。

### （三）课后反思

反思本课的教学，以下两点值得肯定：

1. 实验器材与技术手段的创新，扩大了探究的范围。

日影变化演示器对不同地区日影变化情况的模拟，利用互联网手段进行的异地同步实测，摆脱了时间和空间的限制，扩大了探究的深度和广度。

2. 数据处理方法的创新，深化了学生的认知。

本课创造性地采用了兼有方位与长度两个变量的影子汇总图，并用透明胶片重叠法来呈现各组的实验结果，这就使得数据结构化、直观化，便于学生深入地解读数据、发现规律。